CORALIE SENO

S'ÉVEILLER À L'INVISIBLE

De la théorie à la pratique, comprenez et développez vos capacités extrasensorielles

Le lotus & l'éléphant

SOMMAIRE

Pour toutes celles et ceux qui souhaitent comprendre les liens invisibles qui unissent l'esprit, le corps et l'énergie, tout en cherchant à éclairer l'incompris avec pragmatisme. Ce livre est dédié à ceux qui veulent faire le tri entre mysticisme et réalité, entre croyances et faits, afin de retrouver un équilibre dans leur vie. Que ces pages vous offrent des outils pour libérer votre potentiel, démystifier les processus énergétiques et émotionnels, et vous guider vers une compréhension plus profonde et éclairée de vous-même et du monde qui vous entoure.

Coralie Seno

Ce n'est pas surnaturel, c'est simplement que nous n'avons pas encore compris.

Introduction

Dès mon plus jeune âge, je percevais des choses que d'autres ne voyaient pas, j'entendais des voix, prédisais l'avenir… Je savais, parfois des mois ou même des années à l'avance, ce qui allait se passer dans ma vie : les lieux où j'allais vivre, les personnes qui allaient m'accompagner, les hommes que j'allais aimer. Ces visions se manifestaient sous forme de rêves ou de messages nocturnes, et, jusqu'à présent, presque toutes se sont réalisées. « Presque » car je n'ai que 27 ans.

Alors, pendant longtemps, j'ai cherché à comprendre ce qui m'habitait. Ces voix, ces rêves… J'avais besoin de mettre des mots sur ce qui se passait en moi et qui semblait me rendre si différente. Enfin, « différente »… C'est ce que je croyais, jusqu'à ce que je découvre ce que je vais partager avec vous dans ce livre.

J'ai grandi dans un univers où voyants, médiums et guérisseurs faisaient partie du décor. Ma mère, comme sa mère avant elle, les consultait pour apaiser ses doutes et calmer son tourbillon intérieur. J'ai longtemps pensé, moi aussi, qu'ils détenaient des vérités auxquelles je n'avais pas accès et qu'il fallait suivre leurs conseils à la lettre pour avancer dans la vie. Jusqu'au jour où les rôles se sont inversés et que ce fut moi de l'autre côté des cartes, guidant ceux qui étaient venus chercher des réponses à leurs tourments.

Mais avant d'en arriver là, j'ai traversé une phase où j'ai tout rejeté en bloc. Cet univers me semblait irréel, déconnecté. Je voulais m'intégrer au monde tel qu'il est : le travail, les routines, les ambitions concrètes. Pourtant, cette part de moi ne m'a jamais quittée. Elle est revenue, de manière brutale, à travers des expériences que je ne pouvais expliquer, des intuitions si précises sur des inconnus que j'en étais moi-même troublée.

Alors, ma curiosité et mon esprit rationnel ont pris le dessus. Je voulais comprendre : d'où venaient ces phénomènes ? Comment était-il possible de faire tout cela ? Était-ce lié à la spiritualité ? Aux croyances ? À autre chose encore ?

C'est là que ce livre est né.

Malgré la passion et les convictions que je porte pour ce domaine, mon objectif n'est pas d'encourager une dépendance excessive à ces praticiens de l'invisible. Au contraire, j'aimerais vous montrer qu'il est possible de se passer de cette quête incessante du praticien parfait qui saurait nous aider. En vous prouvant que nous possédons tous en nous ces capacités incroyables qui nous donnent la clé que nous recherchons.

Certaines réponses que vous trouverez dans ce livre proviennent directement de la science. De nombreux scientifiques ont déjà exploré des aspects de ces compétences, cherchant à comprendre comment l'être humain était capable de voir, d'entendre ou de prédire. Même si cela reste encore un sujet de controverse, en partie à cause des caricatures que nous en avons faites à travers les films d'horreur qui ont contribué à rendre ce domaine effrayant dans l'imaginaire collectif. Ils ont réussi à établir des connexions et des preuves basées sur des protocoles scientifiques solides qui donnent à réfléchir.

D'autres éléments de ce livre se baseront sur des croyances ancestrales et le résultat de nombreuses expériences, qu'elles soient vécues par moi ou par plusieurs personnes que j'ai eu la chance de former. Cela amènera évidemment son lot d'imperfections car la transmission de ces savoirs n'est jamais linéaire, chacun interprète à sa manière, selon ses ressentis, son histoire, et sa propre sensibilité. Rien n'est figé, et c'est aussi là que réside toute la beauté de cette pratique : elle évolue avec nous.

Ma volonté était d'établir un lien en combinant psychologie, science et énergies pour vous aider à faire le tri entre toutes les informations qui peuvent circuler dans ce domaine. Je souhaite que ce livre soit un guide dans votre pratique, vous invitant à regarder ce domaine avec un regard critique pour vous permettre d'en faire votre propre opinion et votre propre pratique. Loin des croyances religieuses et des protocoles fermés qui sont souvent amenés dans l'énergétique. Afin que, sceptique ou non, vous puissiez réussir à développer ces capacités que l'humain peine encore à maîtriser car il en est effrayé. Des compétences qui, si elles sont exploitées, pourraient, selon moi, nous permettre d'atteindre cet épanouissement psychique et physique que nous cherchons tous et nous aider à faire grandement évoluer notre espèce.

Ce livre est composé de trois grandes parties. La première vous aidera à mettre des mots sur des phénomènes inexpliqués, des sensations étranges et à comprendre comment les énergies qui nous entourent communiquent avec nous. Vous allez apprendre des choses sur les capacités inexploitées de l'humain qui vous seront d'une grande utilité dans les défis que vous rencontrez dans la vie. La deuxième partie vous aidera à libérer ce potentiel caché en vous apprenant à comprendre et à écouter ce qu'il se passe silencieusement à l'intérieur de vous et vous cause non seulement de nombreux maux mais aussi de grandes difficultés dans votre vie. Pour terminer, la troisième partie de ce livre sera entièrement dédiée à la pratique. C'est ici que vous allez pouvoir intégrer tous les enseignements de ce livre dans votre réalité. Évidemment, cela va vous demander du temps, de l'énergie et de l'implication mais ils vous permettront d'accéder à de nouvelles possibilités dans votre parcours de vie et à une vision complètement différente de l'humain et de ce qui l'entoure.

Mais avant d'entrer dans le vif du sujet, j'aimerais vous raconter une partie de mon histoire avec les capacités extrasensorielles. Pour que vous puissiez comprendre ma démarche et mon positionnement face à ce domaine fascinant qu'est l'énergétique.

Le début de ce parcours médiumnique, si on peut l'appeler comme ça, remonte au jour où ma mère m'offra un jeu d'oracle. À cette époque, pour moi, ce jeu représentait tout ce que je fuyais depuis des années en cherchant à me fondre dans la masse. Mais parfois, un simple geste ou quelques mots suffisent à changer le cours de notre vie, et c'est précisément ce qui m'est arrivé ce jour-là.

Malgré toutes les critiques que je me suis forgée sur ce domaine, que j'ai cherché à occulter dans mon enfance pour me rattacher à des choses plus palpables et à ne plus me sentir « différente », je décidai pour la première fois de ma vie, de tirer les cartes. Seule, loin des regards qui pouvaient m'apporter du jugement sur moi-même, entre mon classeur d'études et mon ordinateur. Lorsque je commençai à les tirer, je ressentis un immense soulagement de l'univers, comme s'il disait *« OUF ! Enfin ! »*. Évidemment, la personne la plus excitée fut ma mère, qui me proposa immédiatement d'entraîner mon intuition avec des photos de ses amies. Assise dans mon canapé, lumière éteinte, un encens allumé et la photo de cette amie en grand sur mon téléphone, je n'avais alors aucune idée de ce que je devais faire. Alors je fermai simplement les yeux et attendis que quelque chose se passa en moi. Quelques minutes plus tard, j'aperçus un nourrisson qui semblait avoir été abandonné ; un homme, qui devait être son père, jeune et aimant et une silhouette féminine pleine d'amour mais fuyant ses responsabilités. La scène se déroulait dans mon esprit comme un film, avec une clarté surprenante. Je n'avais vu cette femme qu'une fois en photo, sans jamais l'avoir rencontrée en vrai et pourtant, les images qui se déroulaient dans ma tête étaient si nettes qu'elle semblait me les avoir racontées. J'ai su en détail, grâce à ces visions, son histoire personnelle mais surtout pourquoi et comment elle fut abandonnée et élevée par sa grand-mère paternelle.

Je transmis toutes ces informations à ma mère, qui me confirma la véracité de ces informations, alors qu'elle-même n'était pas au courant de son histoire. C'était la première fois que je percevais des détails aussi précis de la vie d'une personne que je ne connaissais pas. Je n'arrivais pas à y croire. J'ai donc réitéré l'expérience avec une autre amie de ma mère, et à nouveau, tout ce que je vis se confirma, alors même que ces informations étaient inconnues de cette dernière.

Plus tard, c'est une amie qui me permit de m'entraîner à tirer les cartes pour d'autres personnes, et les résultats furent toujours aussi clairs et précis les uns que les autres. Cependant, je ne réalisais pas encore pleinement ce que j'étais capable de faire. Comment expliquer que je puisse décrire avec une précision troublante la maison d'enfance d'une personne, nichée dans un pays étranger que je n'avais jamais visité, et dont la langue maternelle m'est étrangère ? Comment justifier que je sois capable de donner le prénom de sa grand-mère, d'évoquer ses conflits familiaux les plus intimes, jusqu'à identifier les troubles psychiques de sa sœur ? Des capacités comme celles-ci défient la logique traditionnelle et soulèvent des questions sur les connexions invisibles qui existent entre nous, des liens qui transcendent le temps, l'espace et même les barrières linguistiques.

À cette époque, j'avais besoin de me plonger dans une ambiance mystique pour réaliser mes tirages. Je fermais les rideaux, allumais des bougies, brûlais de l'encens, et plongeais dans l'univers de la personne qui se tenait en face de moi. Un jour, lors d'une séance où la lecture fut plus difficile que les autres, des douleurs intenses me traversèrent soudainement : le genou, le bras, puis dans l'estomac d'une manière puissante et très désagréable. Je n'avais pourtant aucun souci de santé et malgré quelques minutes d'attente, elles ne disparaissaient pas. Petit à petit, je ressentis une présence féminine et colérique m'envahir complètement. Quand je partageai mes ressentis à ma cliente, elle me confia, étonnée : *« Je crois que tu ressens ma grand-mère. Elle se blessait souvent à cause de l'alcool, elle est morte d'un ulcère à l'estomac et elle détestait tout ce qui touchait à la sorcellerie. »* Instantanément, après avoir échangé ces quelques mots, toutes mes douleurs disparurent. C'était la première fois que je ressentais des douleurs physiques qui n'étaient pas les miennes. Cette séance fut un tournant pour moi : je voulus comprendre alors d'où venaient ces perceptions et savoir comment il était possible de ressentir les douleurs d'une personne décédée depuis des années.

Avant tout, il est important de rappeler que les « dons » n'existent pas. Tout le monde est capable de développer les compétences qui m'ont permis de voir, d'entendre et de ressentir cette vieille dame ou de lire en détail la vie d'une inconnue. Ces compétences, qu'elles soient innées ou acquises, se développent par le travail, et elles sont présentes en chacun de nous, à des degrés différents. Leur développement dépend de votre histoire, de votre compréhension du monde et de votre ouverture d'esprit.

Il est d'ailleurs courant d'entendre des histoires similaires chez les jeunes enfants, qui sont souvent plus connectés à leurs émotions que les adultes. Qui n'a jamais entendu l'histoire d'un enfant qui parle avec son « ami imaginaire » ou qui raconte des sensations qui semblent mystérieuses aux yeux des adultes, comme voir des présences ou ressentir des émotions fortes liées à des événements qu'il ne devrait pas comprendre ? C'est presque commun d'entendre des histoires de ce genre à travers les récits d'amis ou de personnes qui les partagent sur les réseaux sociaux.

Mais cela n'est pas totalement anodin. Cette connexion que beaucoup qualifie « d'hypersensibilité » ou « d'hyper connexion » se perd souvent en grandissant. On commence à se concentrer davantage sur le monde matériel et concret, et on apprend à mettre de côté nos émotions pour s'adapter aux exigences de la vie quotidienne. Un enfant qui ressent des choses profondément et qui a une grande intuition peut commencer à rationaliser ces sensations en devenant adulte, par peur d'être différent et jugé pour ce qu'il est. Tout comme je l'ai été. Alors qu'en vérité, ce phénomène peut se remarquer chez un très grand nombre d'enfants. Les responsabilités, la carrière et les attentes sociales nous poussent à privilégier la logique et le raisonnement, plutôt que nos émotions et notre sensibilité au monde qui nous entoure. En devenant adulte, les capacités extrasensorielles, qui étaient peut-être naturelles pendant l'enfance, deviennent plus difficiles à reconnaître et à développer au fur et à mesure que notre mental prend le dessus sur notre cœur et notre intuition. C'est là toute la difficulté de ces capacités.

Tous les récits que je viens de vous raconter ne sont qu'une infime partie de ce que mes capacités extrasensorielles m'ont fait vivre, volontairement ou non, mais ils vous donnent un aperçu de mon parcours. Maintenant que vous connaissez un peu de mon histoire et les raisons qui m'ont poussé à écrire ce livre que vous tenez entre vos mains, il est temps de vous partager ce que j'en ai compris et de découvrir ce qu'est : la parapsychologie, pour vous permettre à votre tour de développer ces capacités qui sommeillent en vous et qui peuvent considérablement changer votre vie si vous apprenez à les écouter et à les utiliser.

POURQUOI DÉVELOPPER SES CAPACITÉS ?

Mai 2022

« Papa, j'ai vu dans les cartes que tu allais avoir un souci de santé cet hiver. Je t'ai vu tousser du sang. Va voir un médecin rapidement stp. »

« Oui, ne t'inquiète pas, je vais bien. Je tousse juste un peu mais ce n'est pas grave. »

« Peut-être, mais tu devrais aller voir un médecin, je sens que c'est plus grave que ce que tu crois. »

Juillet 2022

« Alors, qu'est-ce que t'a dit le médecin ? »

« Il a modifié la dose de mes cachets pour la tension, il y avait une erreur sur la dernière prescription. Elle était beaucoup trop élevée et il m'a dit qu'on s'y prenait à temps car ça aurait pu me causer de graves problèmes sur le long terme. »

Un surdosage de médicaments peut causer des effets secondaires graves, notamment des ulcères à l'estomac, et des troubles respiratoires comme le bronchospasme pour certains antihypertenseurs (médicament qui traite l'hypertension)[1].

Je pense que vous comprenez par ce récit l'intérêt de développer ses capacités. Elles sont comme un outil dédié à nous aider à traverser les tempêtes de la vie avec plus de facilité et à prévenir les dangers auxquels nous ou notre entourage pouvons être confrontés. C'est comme avoir un coup d'avance sur le jeu de la vie en gardant des points de vie et en évitant les pièges qui peuvent nous empêcher de profiter pleinement de la partie.

Même si elles ne nous sauveront pas de tous les dangers et qu'elles s'abstiendront parfois de nous en alerter, nos capacités, si nous voulons bien les écouter, peuvent s'avérer être de véritables alliées dans notre voyage court mais intense d'être humain.

1 Sources : https://www.nysora.com/fr/anesth%C3%A9sie/surdosage-en-b%C3%AAtabloquant/
https://www.docteurclic.com/maladie/surdosage-des-medicaments.aspx

CHAPITRE 1

Comprendre

« Le plus grand ennemi de la connaissance n'est pas l'ignorance, c'est l'illusion de la connaissance »

Stephen Hawking

Je me suis longtemps interrogée sur l'origine de ces capacités énergétiques que nous possédons, même si elles ne se manifestent pas toujours chez tout le monde. J'ai commencé par explorer divers ouvrages traitant de ce sujet, cherchant des réponses dans des livres similaires au mien, qui explorent ces capacités souvent inexploitées par le commun des mortels. Mes recherches m'ont conduite à une vaste gamme d'informations, allant des croyances religieuses ancestrales aux théories modernes et aux résultats d'expérimentations personnelles. En me plongeant dans ces lectures, j'ai réussi à mettre des mots sur des phénomènes que je n'avais pas pu expliquer autrement. Petit à petit, j'ai appris à interpréter ce qui se passait en moi et chez d'autres personnes. Mais il me manquait une pièce essentielle du puzzle : la science était-elle capable d'expliquer ces phénomènes que 24 % des Français affirment avoir déjà vécus dans leur vie[2] ? Pour répondre à cette question, j'ai décidé de plonger dans un domaine qui, au premier abord, ne semble pas être lié au mysticisme : la science.

Mon enquête m'a conduit au XIXe siècle, période pendant laquelle le terme « parapsychologie » a émergé pour désigner l'étude scientifique des phénomènes qui échappent aux lois de la physique et aux principes psychologiques établis. Le mot *para*, venant du grec signifiant « au-delà » ou « à côté de », et « psychologie », qui signifie « âme » ou « esprit »

2 Études Omnibus réalisée en 2019 auprès de 1 003 personnes représentatives de la population française, selon la méthode des quotas. https://fr.yougov.com/society/articles/23047 les francais-croient-ils-au-paranormal

en grec, forment ensemble un terme qui reflète la tentative de comprendre ce qui dépasse les frontières traditionnelles de la psychologie.

En effet, nous ne sommes pas seuls à nous être posé ces questions sur les capacités extrasensorielles. De nombreux scientifiques et chercheurs ont exploré ce sujet au fil des siècles. Max Dessoir, psychologue allemand, qui est reconnu pour avoir popularisé le terme « parapsychologie » dans un article publié en 1889[3], a posé les bases théoriques pour l'étude scientifique des phénomènes psychiques, établissant la parapsychologie comme une discipline distincte. Frédéric W. H. Myers, cofondateur de la *Society for Psychical Research* en 1882, a joué également un rôle crucial dans la formalisation de l'étude des phénomènes paranormaux. Ses recherches sur la télépathie, la clairvoyance et les expériences de sortie du corps ont introduit des concepts novateurs comme le « subliminal » pour expliquer les phénomènes extrasensoriels.

Ian Stevenson (1918-2007), psychiatre canadien, a étudié les phénomènes de réincarnation en recueillant des milliers de cas d'enfants prétendant se souvenir de vies antérieures, offrant ainsi une perspective psychologique et scientifique rigoureuse. Charles Richet, physiologiste français et lauréat du prix Nobel de Médecine en 1913, a également exploré les phénomènes paranormaux en parallèle de ses travaux sur la physiologie, notamment les expériences de communication avec les esprits et la médiumnité. J. B. Rhine (1895-1980), psychologue et scientifique américain, est l'un des pionniers de ce domaine. Sa rigueur et son sérieux ont marqué le début de la parapsychologie comme discipline scientifique, apportant une méthodologie stricte à l'étude des phénomènes inexpliqués. En 1930, il a notamment créé le *Parapsychology Laboratory* à l'Université de Duke, où il a mené de nombreuses expériences sur le sujet. Comme celle des cartes « Zener »

3 https://psi-encyclopedia.spr.ac.uk/articles/max-dessoir

où les participants devaient deviner les symboles sur des cartes cachées. Plus récemment, Edgar Mitchell, astronaute de la mission Apollo 14, a fondé l'Institute of Noetic Sciences (IONS) en 1973 après avoir vécu une expérience mystique pendant son voyage spatial, et a cherché à explorer les phénomènes de conscience et les capacités extrasensorielles. Enfin, Jessica Utts, statisticienne américaine, a elle, joué un rôle clé dans la validation des recherches en parapsychologie en fournissant des analyses critiques et favorables des preuves scientifiques, ses travaux sont encore souvent cités dans les débats sur la validité de la parapsychologie.

Alors, avec un tel nombre de scientifiques ayant déjà abordé le sujet, il est légitime de se demander pourquoi ce domaine continue à être controversé et critiqué malgré l'intérêt et les recherches de ces experts.

La réponse réside dans le critère fondamental de la science : pour qu'une théorie soit validée, l'expérience qui la démontre doit être reproductible par d'autres chercheurs, avec des résultats constants. Dans le cadre des études sur les capacités extrasensorielles, des personnes sont souvent invitées à participer sans avoir préalablement exploité ou maîtrisé leurs capacités, bien que certains montrent une sensibilité, cela explique en partie pourquoi les résultats obtenus lors de ces expériences sont souvent instables et difficiles à reproduire de manière rigoureuse.

Une des méthodes les plus connues est celle des « cartes de Zener », créée par J. B. Rhine. Les cartes Zener, conçues spécifiquement pour évaluer la perception extrasensorielle et créées par le psychologue Karl Zener, sont composées de 25 cartes, chacune ornée de l'un des cinq symboles distincts : un cercle, une croix, des vagues, un carré et une étoile. Chaque symbole se répète cinq fois, ce qui permet de tester de manière contrôlée et statistiquement significative la capacité d'une personne à percevoir des informations au-delà des sens ordinaires.

Le testeur commence par mélanger le jeu de cartes pour s'assurer que l'ordre des symboles est aléatoire. Ensuite, il tire une carte à la fois, sans montrer le symbole au sujet. La tâche du sujet est de deviner quel symbole se trouve sur chaque carte, en se basant uniquement sur ses capacités intuitives ou psychiques, sans aucun indice visuel.

Les résultats du test sont ensuite comparés à ce que le hasard pourrait produire. Par exemple, avec cinq symboles possibles, la probabilité de deviner correctement par pur hasard est de 20 % pour chaque carte. Si un sujet devine correctement un nombre de cartes significativement supérieur à ce que le hasard pourrait expliquer, cela pourrait indiquer l'utilisation d'une capacité de perception extrasensorielle et donc son existence.

Cette méthode a été popularisée par J. B. Rhine dans ses recherches pionnières sur la parapsychologie au début du XXe siècle. Rhine a cherché à quantifier les capacités psychiques de manière scientifique, en utilisant des outils comme les cartes Zener[4] pour éliminer les biais et les influences extérieures, et pour obtenir des résultats reproductibles.

Lors des expériences initiales menées par le scientifique américain qui se comptent en millions de tests réalisés dans différentes conditions, parfois avec des distances importantes entre les participants et les expérimentateurs, les sujets ont parfois identifié les symboles avec une précision allant jusqu'à 25 % au-dessus des résultats attendus par le hasard.

Malgré des résultats qui méritent d'apporter plus d'attention à ce sujet, d'autres chercheurs ont rencontré des difficultés à obtenir les mêmes résultats constants à travers plusieurs tests similaires. Même si les résultats étaient prometteurs et méritaient une attention particulière, l'incapacité à reproduire ces résultats de manière fiable dans des expériences ultérieures ne satisfait pas au critère essentiel de la science : la reproductibilité, nécessaire pour garantir la validité des conclusions.

Mais cette difficulté à reproduire les résultats signifie-t-elle nécessairement que les capacités extrasensorielles n'existent pas ?

Pour comprendre ce dilemme, faisons un parallèle avec le Moyen Âge. À cette époque, les guérisseurs utilisant des plantes médicinales pour traiter les maladies étaient parfois accusés de sorcellerie. Bien que leur savoir reposait sur des siècles de pratiques empiriques, il était souvent incompris et rejeté par une société qui ne possédait pas encore les outils nécessaires pour évaluer ces pratiques avec la rigueur scientifique de l'époque. Le savoir précieux de ces guérisseurs était alors méprisé et, dans certains cas, persécuté en raison de la peur, de l'ignorance et des tensions sociales et religieuses de l'époque.

4 Cartes Zener, développez vos capacités extrasensorielles, Pierluca Zizzi, éditions Intuitives, 2022

Aujourd'hui, les capacités extrasensorielles se trouvent dans une situation parallèle. Ces phénomènes, bien que potentiellement réels, sont confrontés à un scepticisme comparable à celui des guérisseurs médiévaux. La communauté scientifique dominante reste sceptique, rendant l'obtention de financements pour de nouvelles recherches extrêmement difficile. Le manque de preuves irréfutables et la stigmatisation académique dissuadent également les chercheurs de se lancer dans des études approfondies, de peur pour leur réputation professionnelle. Les avancées technologiques, quant à elles, détournent l'attention des scientifiques vers des domaines jugés plus prometteurs et mesurables, laissant les capacités extrasensorielles dans l'ombre.

Ainsi, la science, avec ses outils encore imparfaits, peine à saisir et à valider ces phénomènes mystérieux. Les chercheurs en parapsychologie se trouvent dans une position similaire à celle des guérisseurs du passé : leur savoir est mis à l'écart non pas à cause d'un manque de preuves, mais parce que la science actuelle n'a pas encore les moyens nécessaires pour l'appréhender correctement et qu'elle possède de nombreux a prioris vis-à-vis de ce domaine. Nous sommes peut-être face à une situation où la science est simplement en retard par rapport à notre capacité à expérimenter et à comprendre ces phénomènes, tout comme elle l'était autrefois pour les pratiques médicinales des guérisseurs.

Alors, à l'aube de nouvelles découvertes, ne serait-il pas temps d'examiner ces capacités avec un regard ouvert et une approche plus approfondie, au lieu de les rejeter simplement parce qu'elles échappent à notre compréhension actuelle ? Peut-être que, tout comme les connaissances médicales du passé ont été reconnues avec le temps, les capacités extrasensorielles pourraient un jour être validées et intégrées dans notre compréhension scientifique.

Jessica Utts disait elle-même à propos des capacités extrasensorielles : « la science pourrait simplement ne pas encore avoir les outils nécessaires pour les comprendre et les expliquer[5]. »

Bien que ce domaine reste encore mystérieux, nous allons tenter d'en percer les éléments qui échappent encore à notre compréhension humaine actuelle. Tout le contenu que vous lirez dans ce livre se base sur des expériences réalisées avec les centaines de femmes que j'ai pu accompagner ces dernières années ainsi que sur mes propres expériences personnelles et celles que j'ai pu observer, tout en les croisant avec des éléments scientifiques du domaine parapsychologique. Mon but est d'offrir une vue plus complète et nuancée des capacités extrasensorielles, en éclairant ce qui reste encore mystérieux et incompris.

Je vous encourage donc à réfléchir par vous-même et vous sentir libre de remettre en question ce que je vous présente. Mon objectif n'est pas d'affirmer posséder la vérité absolue dans un domaine qui échappe même aux scientifiques mais de stimuler votre esprit critique. Prenez ce qui vous semble pertinent et réfléchissez à ce que vous lisez. L'idée est que vous puissiez construire votre propre compréhension des capacités extrasensorielles en vous appuyant sur les informations et les perspectives que je partage avec vous.

Bon voyage.

5 Livre *The Psychic Realm: The Evidence for Psychic Phenomena* de Jessica Utts, statisticienne américaine, 1995.

**« Ce n'est pas l'invisible qui fait peur,
c'est l'inconnu »**

Les capacités extrasensorielles

Avez-vous déjà ressenti un frisson en entrant dans une pièce vide, comme si une présence invisible vous observait ? Entendu une voix douce vous chuchoter un conseil sage au moment précis où vous en aviez besoin ? Rêvé d'un événement avant même qu'il ne se produise dans la réalité ? Ou encore ressenti un malaise envers quelqu'un, pour ensuite voir ce sentiment se confirmer avec le temps ?

Ces expériences, bien que souvent inexpliquées, ne sont pas simplement le fruit de notre imagination. On a tendance à attribuer ces présages au hasard, à une coïncidence, ou à une énergie divine. Mais si je vous disais que toutes ces expériences n'ont rien à voir avec une forme de croyance religieuse ou le hasard, mais qu'elles sont la manifestation de ce qu'on appelle **« les capacités extrasensorielles »** ? Des capacités que nous possédons tous en nous, à divers degrés et qui se manifestent en secret jusqu'à ce que nous décidions de chercher à les maîtriser.

Les capacités extrasensorielles, ce que beaucoup définissent comme des dons, ne sont ni plus ni moins qu'une extension des différents sens dont nous disposons naturellement *(l'odorat, le goût, le toucher, l'ouïe et la vue)* et par lesquels s'exprime directement l'énergie que nous recevons.

Elle s'exprime à travers nos cinq sens pour nous partager des informations imperceptibles à l'œil nu, tout comme elle nous renseignerait sur le type de paysage que nous voyons à travers nos yeux ou la texture d'un objet que nous touchons. Que ce soit par une sensation soudaine de malaise, un parfum subtil mais inexpliqué, ou une image mentale qui surgit sans raison apparente, ces perceptions subtiles agissent comme des indices que notre esprit capte au-delà de la réalité immédiate. Elles peuvent nous avertir d'un danger, nous révéler l'énergie d'un lieu ou nous faire comprendre l'état émotionnel d'une personne avant même qu'elle n'ait parlé.

Ces sens s'activent en nous pour nous transmettre les informations que nous captons à travers l'une des cinq capacités extrasensorielles que nous possédons. Contrairement à nos sens physiques, ces capacités ne sont pas toujours innées et nécessitent souvent une prise de conscience et un développement personnel pour se révéler pleinement. Une fois comprises et cultivées, elles nous permettent d'utiliser nos sens de manière différente pour communiquer avec le passé, le présent et le futur. Elles ouvrent ainsi la voie à une compréhension plus subtile et profonde des énergies qui nous entourent. Parmi ces cinq capacités, certaines permettent d'accéder à des informations du passé, d'autres du présent et encore d'autres du futur. Il faut bien distinguer capacité et sens : nos capacités s'expriment à travers nos sens qui permettent à nos capacités de se manifester « physiquement » pour nous transmettre des informations énergétiques présentes autour de nous.

★ ★ ★

LES CINQ CATÉGORIES DE CAPACITÉS EXTRASENSORIELLES :

- La Télépathie -

Imaginez pouvoir entendre les pensées d'une personne qui vous est chère, sans qu'elle ait à prononcer un mot. C'est l'essence même de la télépathie. Bien que souvent représentée dans la culture populaire comme un superpouvoir, la télépathie est en réalité une extension naturelle de notre capacité à comprendre les autres. Elle nous permet de recevoir par la pensée des éléments d'un autre individu tels que ses émotions, ses peurs, ses rêves ou ses douleurs qui se manifestent dans le présent. C'est une forme d'empathie extrêmement développée qui se ressent à travers trois de nos sens :

- **le toucher,** on va ressentir physiquement des douleurs qui ne nous appartiennent pas ou encore des sensations de caresses parfois plus violentes, comme des coups. Ces sensations physiques appartiennent à l'histoire d'une personne, qu'elle se trouve en face de nous ou non.
- **la vue,** c'est lorsqu'on a accès à des moments de vie qui se déroulent encore dans le présent de quelqu'un et qui se manifestent en nous, sous la forme de souvenirs mais sous la perspective de cette personne, comme si on les avait vécus et que l'on connaissait ce que l'on voyait.
- **l'ouïe,** de la même manière, ce sens va nous permettre d'entendre des voix ou des bruits, qui appartiennent à la vie actuelle d'un autre individu, relié à son quotidien, son environnement de vie ou à un lieu.

Pour illustrer cette capacité, il m'est arrivé de ressentir des douleurs dans ma main droite lorsque je tirais les cartes à ma tante. Après lui avoir confié ces sensations en lui demandant si elle avait un problème à la main droite, elle m'a révélé avoir de l'arthrose depuis peu dans cette main. Toutes les sensations que je lui ai décrites étaient exactement celles qu'elle ressentait. C'était la manifestation de cette capacité par le sens du toucher.

- La Clairvoyance -

C'est la capacité la plus connue et l'un des termes les plus répandus. Seulement, ce mot est souvent très mal utilisé et parfois déformé. La clairvoyance n'a rien à voir avec le fait de voir, comme on l'entend souvent. C'est la capacité extrasensorielle qui permet de connaître des éléments situés à distance et en temps réel sous la forme d'images mentales *(comme si on les avait déjà observées par nos propres yeux et qu'elles restaient dans notre mémoire alors que cela n'est pas le cas).* Aujourd'hui, elle semble se manifester principalement à travers un seul de nos cinq sens, bien qu'il soit encore possible qu'elle se manifeste aussi via d'autres de nos sens. Même si à ce jour, aucune expérience n'a encore été clairement répertoriée sur d'autre sens que celui de :

- **la vue,** qui nous permet de visualiser clairement des lieux, des objets ou des événements qui se déroulent dans le présent mais se produisent à une distance plus ou moins lointaine de nous. Le scientifique J. B Rhine a d'ailleurs créé une méthode dont je vous ai parlé plus haut, « la méthode de Zener », pour étudier cette faculté psychique permettant de « voir » des choses en temps réel et à distance.

Pour illustrer cette manifestation, je me souviens avoir activé cette capacité lors de l'une de mes consultations de cartomancie, qui était un contact défunt. Je me souviens avoir visualisé exactement où la personne avait placé la photo de son défunt : la disposition de la cuisine, l'emplacement exact du frigo et la photo qui était accrochée en son centre. Lorsque j'ai indiqué ma « vision » à ma consultante, elle m'a confirmé cette perception et validé que c'était bien l'emplacement actuel de la photo. Si j'ai pu le savoir, c'est grâce à la manifestation de ma clairvoyance.

- La Prémonition -

C'est la troisième faculté que l'on connaît, permettant de percevoir des événements qui ne se sont pas encore produits, autrement dit, de « lire l'avenir ». Cette capacité utilise principalement la vue, fonctionnant de manière similaire à la clairvoyance sauf que les informations perçues ici ne se sont pas encore déroulées. Les éléments sont appréhendés comme des souvenirs visuels, mais ces moments appartiennent à un futur proche ou lointain. Comme pour la clairvoyance, cette capacité est principalement connue pour s'exprimer par un seul de nos cinq sens, mais cela n'exclut pas qu'elle puisse aussi se manifester par l'ouïe, l'odorat ou le toucher. À ce jour, elle n'a pas encore été observée sous ces formes, mais il est probable que notre compréhension continue d'évoluer dans ce domaine encore en exploration.

- **la vue,** elle se manifeste donc de la même manière que la clairvoyance. On voit des évènements, des lieux ou encore des moments de vie se dérouler dans nos pensées sous la forme de bribes de souvenirs. C'est la capacité la plus utilisée lorsque les voyants font des prédictions.

À mes 11 ans, j'avais passé plusieurs nuits chez ma grand-mère maternelle, car mon grand-père paternel était malade depuis plusieurs jours. En pleine nuit, je me souviens m'être réveillée avec la conviction profonde que mon grand-père venait de décéder. Une image claire de son enterrement m'est alors apparue, bien que je n'aie jamais assisté à un enterrement auparavant. Quelques heures plus tard, j'ai appris qu'il nous avait quittés tôt dans la même matinée. L'enterrement s'est déroulé presque exactement comme je l'avais visualisé. Cette expérience a été l'une des premières manifestations concrètes de mes capacités intuitives et c'est l'exemple parfait de ce qu'est la prémonition.

- La Psychométrie -

Ou perception psychométrique, est la quatrième capacité extrasensorielle qui permet de percevoir des informations liées à un objet en le touchant. Cette aptitude repose sur l'idée que les objets conservent une sorte de « mémoire » ou d'« aura » liée à leur histoire, aux événements auxquels ils ont été associés, ou aux personnes qui les ont possédés. Cette capacité se manifeste à travers plusieurs de nos sens, qui nous permettent d'accéder à des informations spécifiques du passé de l'objet que l'on touche :

- **Le toucher :** c'est le sens central de la psychométrie. En touchant un objet, une personne peut ressentir des émotions, des sensations physiques ou des impressions qui révèlent l'histoire de l'objet. Cela peut inclure des sensations de chaleur, de froid, ou même de douleurs associées à l'objet, comme si l'énergie qui y est attachée se transmettait par le contact physique.
- **La vue :** certaines personnes peuvent voir des scènes ou des images liées à l'objet touché. Ces visions peuvent apparaître sous forme de

flashs, de souvenirs visuels, ou d'images mentales qui révèlent des événements passés, les lieux où l'objet a été, ou les personnes qui l'ont possédé.

- **L'ouïe :** bien que moins courante, la psychométrie peut également se manifester par des perceptions auditives. Cela pourrait inclure des voix, des sons ou des bruits associés à l'histoire de l'objet. Par exemple, en touchant une ancienne lettre, un praticien de la psychométrie pourrait entendre des voix ou des sons liés à l'époque ou à la personne qui a écrit cette lettre.
- **L'odorat :** de la même manière, des odeurs associées à l'histoire de l'objet, comme le parfum d'une personne qui l'a porté, l'odeur d'un lieu où l'objet s'est trouvé, ou même des senteurs liées à des événements passés comme la fumée d'un incendie ou l'odeur de fleurs dans un jardin.
- **Le goût :** qui permet de recevoir des informations sur l'histoire qui appartient à l'objet comme des goûts sucrés, acidulés ou encore amers.

La psychométrie a été étudiée par des pionniers tels que Joseph Rodes Buchanan (1814-1899) et William F. Denton (1823-1883). Cette capacité offre une manière unique et sensorielle de se connecter avec le passé à travers les objets.

- La Rétrocognition -

Elle est l'avant-dernière perception référencée et étudiée par les chercheurs en parapsychologie. Notamment par Frederic W. H. Myers, Annie Moberly et Eleanor Jourdain dans les années 1900 ou encore Charles Tart en 1970. Cette capacité est similaire à la prémonition, mais se distingue par l'utilisation plus large de nos cinq sens qui nous permettent d'accéder à des informations sur des événements qui se sont produits dans le passé.

- **la vue,** de la même manière que pour la prémonition, on voit des évènements, des lieux ou des moments de vie sous forme de souvenirs qui se sont déroulés dans le passé.
- **l'odorat** permet de sentir des odeurs qui appartiennent au passé et dans la majorité des cas à des habitudes ou des parfums de défunts. Comme une odeur de tabac froid si le défunt fumait beaucoup, ou encore le parfum habituel qu'il portait. Cependant, il est aussi possible de sentir des odeurs liées aux moments de vie passés d'une personne, qui étaient habituels dans l'environnement d'un lieu, comme des odeurs de nourriture dans une maison par exemple.
- **le toucher,** c'est lorsque l'on ressent physiquement des caresses ou parfois des coups liés à l'énergie d'une personne dans le passé. Souvent, elles sont associées à celles d'un défunt. Ou alors à des expériences physiques d'une personne encore vivante mais vécues dans le passé. On peut sentir sur notre peau quelque chose nous frôler ou entrer physiquement en contact avec nous mais cela n'appartient pas au présent mais à un souvenir « logé » dans le passé et qui appartient au défunt ou la personne encore en vie.
- **l'ouïe,** de la même manière que l'odorat, Cette fois-ci, il s'agit de sons comme des musiques, des mots ou des bruits ancrés dans le passé que l'on entend distinctement ou non via ce sens. Comme la voix d'un défunt, où l'on entend des choses qu'il avait l'habitude de répéter, ou encore des coups dans un mur ou le bruit d'une horloge.
- **le goût,** pour finir, ce sens permet d'avoir des goûts sucrés, salés ou acides en bouche, faisant référence à une sucrerie, un plat ou à quelque chose de moins agréable comme un goût de métal.

Pour illustrer cette capacité, on peut reprendre l'expérience que j'ai citée au début du livre, celle où j'ai eu une vision détaillée des souvenirs de l'amie de ma mère alors que je ne la connaissais pas. Les images étaient si précises que je pouvais voir des scènes de sa vie comme si je les avais réellement vécues et qu'elles m'apparaissaient sous formes de souvenirs de son passé. Ou encore le moment où j'ai éprouvé des douleurs physiques liées à la maladie d'une vieille dame décédée durant une séance de cartes. Ces douleurs se sont manifestées de manière très concrète dans mon corps, comme si son énergie comportant la mémoire des souffrances avant son décès se transmettait à moi, me permettant de les vivre d'une manière très tangible.

Si cette capacité utilise presque tous nos sens, cela peut s'expliquer par le simple fait que c'est la seule perception qui interagit avec des informations qui se sont déjà produites et qui sont donc « inscrites » énergétiquement en nous et autour de nous.

- La télékinésie ou psychokinèse -

Voici la toute dernière perception répertoriée en parapsychologie. C'est la capacité de déplacer ou de manipuler des objets ou des éléments organiques à distance et sans intervention physique directe. Ce phénomène a suscité l'intérêt de plusieurs chercheurs au fil des décennies, comme J. B. Rhine dans les années 1960, McDougall avant lui ou encore Robert G. Jahn à travers son centre de recherches le *PEAR Lab* dont les dernières recherches sur le sujet datent de 2007. C'est une capacité que l'on exploite particulièrement dans le magnétisme où l'on « bouge » et « modifie », à distance ou non, de la matière, comme le font les « coupeurs de feu » qui éteignent les sensations de brûlures, en agissant sur les tissus endommagés du corps et qui utilisent l'un de nos cinq sens :

- **le toucher** : la télékinésie pourrait être associée au toucher, bien qu'elle ne soit pas liée au toucher physique tel que nous le connaissons. Elle implique une interaction avec le monde matériel sans contact direct. C'est comme si l'on pouvait « toucher » ou manipuler des objets à distance. En réalité, ce que l'on « touche » grâce à cette capacité, ce sont les flux d'énergie présents dans l'air, permettant par exemple de faire basculer un objet à distance, ou même de plier du métal sans y poser les mains.

Prenons un exemple concret : imaginez que vous êtes dans une pièce avec une petite bille posée sur une table. Grâce à la télékinésie, vous pourriez déplacer cette bille d'un coin à l'autre de la table sans jamais la toucher. Comment est-ce possible ? En réalité, ce n'est pas le contact physique avec la bille qui est impliqué, mais plutôt une manipulation des flux énergétiques autour de la bille. Vous utilisez votre intention et votre concentration pour influencer ses énergies, ce qui a pour effet de déplacer la bille à distance. C'est comme si vous « touchiez » les énergies qui entourent la bille pour la faire bouger.

Si ce sujet vous intéresse, vous pouvez l'explorer avec une approche scientifique dans le livre *The PK Man: A True Story of Psychokinesis* écrit par Jeffrey Mishlove, dans lequel il explore des cas réels et des études. Mais aussi, dans une version française pour les non anglophones, avec le livre intitulé *Apprendre la télékinésie* de Vincent de Tarlé (2021).

Peut-être qu'en lisant ces lignes, vous vous êtes reconnu dans l'une ou plusieurs de ces manifestations sensorielles parce qu'elle vous est déjà arrivée. Sachez que c'est tout à fait normal. Nous possédons de manière « naturelle » toutes ces capacités et plusieurs scientifiques pensent d'ailleurs que nous les expérimentons régulièrement sans même nous en rendre compte. Dean Radin, chercheur principal à l'Institute of Noetic Sciences (IONS), dans son livre *La conscience invisible*[6] dit que les capacités extrasensorielles sont des expériences humaines naturelles. Selon lui, elles sont souvent intégrées dans notre vie quotidienne, par exemple lorsque nous pressentons un événement futur ou que nous devinons les pensées d'une personne proche. D'après Carl Gustav Jung dans *Synchronicity: An Acausal Connecting Principle*, il est possible que nous vivions des phénomènes comme des intuitions ou des coïncidences marquantes sans les reconnaître pour ce qu'ils sont réellement : des expériences profondes qui dépassent les simples hasards et pourraient révéler un lien entre notre psyché et l'univers. Rupert Sheldrake, dans son livre *The Sense of Being Stared At*, avance que les phénomènes comme pressentir que quelqu'un va appeler ou encore la sensation d'être observé sont des exemples simples d'une extension des capacités humaines. Ce que je valide complètement *(même si je ne suis personne pour prétendre valider des théories scientifiques).* Je l'ai moi-même remarqué chez de nombreuses jeunes femmes que j'ai accompagnées et aidées dans le développement de leurs capacités. Seulement, nous n'avons parfois pas les mots ou les connaissances nécessaires pour comprendre ou nommer ces expériences. Ce qui compte, c'est d'être ouvert à explorer ces sensations et d'accepter qu'elles font partie de notre nature, même si nous n'avons pas encore toutes les clés pour les expliquer.

---

6 *La conscience invisible*, Editions J'ai lu, 2006

> Ce n'est pas parce que nous ne savons pas mettre des mots sur nos expériences qu'elles ne sont pas réelles. L'absence de nom ne diminue pas leur existence.

À ces capacités extrasensorielles s'ajoutent les émotions qui peuvent être ressenties lors du contact avec l'énergie perçue à travers elles. Ces émotions peuvent être les nôtres, suscitées par l'intensité de l'expérience, nous pouvons être émus, touchés, ou même en colère en raison de ce que nous captons. Ou bien également provenir de l'énergie que nous percevons, reflétant les sentiments de l'individu ou de l'événement avec lequel nous entrons en contact. Nos sens captent ainsi, non seulement des informations visuelles, auditives, tactiles, olfactives ou gustatives, mais aussi toute une gamme de sentiments qui peuvent nous affecter profondément, brouillant parfois la frontière entre ce qui nous appartient et ce que nous captons de l'extérieur. C'est une notion que nous explorerons d'ailleurs dans ce chapitre, afin d'apprendre à trier ses émotions pour arriver à interpréter avec le plus de précision possible tous les messages que nous captons.

Récapitulons :

Capacité extra-sensorielle	Définition	Temporalité	Manifestations sensorielles
Télépathie	Capacité de percevoir les pensées, émotions, ou sensations d'une autre personne sans communication verbale.	Informations qui se déroulent dans le présent	- Toucher : Ressentir des douleurs ou sensations physiques liées à une autre personne. - Vue : Visualiser sous forme de souvenirs des événements en cours dans la vie d'une autre personne. - Ouïe : Entendre des bruits ou voix associés à la vie d'une autre personne
Clairvoyance	Capacité de percevoir des éléments à distance et en temps réel sous forme d'images mentales.	Informations qui se déroulent dans le présent	- Vue : Visualiser des lieux, objets, ou événements qui se déroulent à distance. - Ouïe, Odorat, Toucher : Bien que jamais observées, ces manifestations sont possibles.
Prémonition	Capacité de percevoir des événements avant qu'ils ne se produisent.	Informations qui se déroulent dans le futur	- Vue : Voir des événements futurs comme des bribes de souvenirs. - Ouïe, Odorat, Toucher : Bien que jamais observées, ces manifestations sont possibles.
Psychométrie	Capacité de percevoir des informations liées à un objet en le touchant, basé sur son histoire ou ses anciens propriétaires.	Informations qui se sont déroulées dans le passé	- Toucher : Ressentir des émotions ou sensations liées à l'objet. - Vue : Voir des scènes ou images liées à l'objet. - Ouïe : Entendre des sons associés à l'objet. - Odorat : Sentir des odeurs liées à l'objet. - Goût : Goûter des saveurs associées à l'objet.
Rétrocognition	Capacité de percevoir des événements passés en utilisant l'entièreté de nos sens.	Informations qui se sont déroulées dans le passé	- Vue : Voir des événements ou lieux passés. - Odorat : Sentir des odeurs du passé. - Toucher : Ressentir des sensations physiques liées au passé. - Ouïe : Entendre des sons ou bruits ancrés dans le passé. - Goût : Goûter des saveurs associées au passé.
La télékinésie ou psychokinèse	Capacité de déplacer ou de modifier des objets ou des éléments à distance sans les toucher physiquement.	Capacité agissant dans le présent.	- Toucher : agir sur le flux d'énergie présents dans l'air, permettant de faire basculer un objet à distance ou même de plier du métal sans y poser les mains.

Parmi toutes ces perceptions qui sont directement liées à des capacités psychiques encore peu maîtrisées par l'humain, nous avons aussi la fameuse « intuition », qui joue évidemment un rôle dans nos perceptions extrasensorielles mais qui pourrait se traduire par un sixième sens chez l'être humain plutôt que l'extension de nos capacités naturelles. Quand on parle d'intuition, on veut dire par là que l'on « sait » déjà quelque chose au fond de nous alors que nous ne l'avons pas encore appris par nos sens traditionnels *(comme l'entendre ou le voir quelque part).* Par exemple, quand on a l'intuition que quelqu'un est décédé alors que rien ne le présageait et que personne ne nous l'a dit. Contrairement aux capacités extrasensorielles, l'intuition ne passe pas par l'un de nos sens. Nous ne voyons pas d'images, n'entendons pas de bruits et ne ressentons pas de sensations physiques. Nous avons simplement, au fond de nous, une certitude.

Évidemment, ces perceptions extrasensorielles sont amenées à évoluer car nous n'en avons pas encore compris tout le mécanisme. Mais cela nous permet de mieux comprendre ce qui peut se passer dans notre corps et comment cela interagit avec nos sens. Seulement, il ne suffit pas de sentir, d'entendre ou d'avoir des saveurs en bouche pour utiliser ses capacités. Il est aussi nécessaire de savoir ce qu'elles veulent nous dire de manière à les interpréter de la manière la plus juste. C'est justement ce que nous allons voir dans la notion suivante.

Une dernière chose à savoir à leur sujet, c'est qu'elles peuvent s'activer les unes à la suite des autres. Comme un travail en équipe. Vous pouvez avoir votre clairvoyance qui s'active pour vous fournir des informations sur le présent de quelqu'un, puis votre rétrocognition qui vous parlera de son passé en passant par l'un ou plusieurs des sens avec lesquels elles fonctionnent. Mais il ne semble pas que les capacités s'activent au même moment ou que les sens par lesquels elles passent se déclenchent en même temps. Il y a toujours un délai qui peut aller de quelques secondes à quelques heures.

Le fonctionnement énergétique

Avant de commencer, vous rappelez-vous ce que je vous partageais plus haut à propos du scientifique J. B. Rhine ? Il affirmait reconnaître l'existence des capacités extrasensorielles, sans comprendre leur fonctionnement exact. À mon humble niveau, c'est justement ce que je vais tenter de vous expliquer. Pour cela, j'ai utilisé les données scientifiques disponibles sur la parapsychologie et je me suis appuyée sur des concepts plus abstraits et spirituels.

Pour appréhender de quelle manière l'énergie peut être ressentie à travers un lieu, une personne ou même un objet, il est essentiel de comprendre trois principes fondamentaux :

- La canalisation
- L'anatomie énergétique
- Les liens émotionnels

LA CANALISATION

C'est la première étape du processus qui se déroule entre le moment où l'on ressent une énergie en nous, jusqu'au moment où on la verbalise. C'est le fait de recevoir des informations d'un autre être vivant en captant son énergie. Nous avons tous la capacité, grâce à nos cinq sens, de percevoir les émotions, les pensées, l'histoire ou les traumatismes *(de cette vie et des vies passées)*, ainsi que l'héritage transgénérationnel et les liens énergétiques *(comme les connexions d'âme ou les liens toxiques)* d'un autre être vivant. Plus simplement, nous sommes capables de lire l'histoire de quelqu'un, même si nous ne l'avons jamais rencontré auparavant.

On pourrait un peu comparer cela au fonctionnement d'une radio qui capte une onde et la renvoie dans un poste de voiture. Cet exemple illustre aussi les problèmes de canalisation. Vous savez, quand on capte quelque chose à la radio mais que la fréquence n'est pas bien définie et fait tout grésiller ? Eh bien ! c'est pareil pour nous lorsque nous n'avons pas bien travaillé et ouvert nos canaux de réceptivité énergétique, c'est-à-dire, nos capacités extrasensorielles. On perçoit quelque chose par l'un de nos cinq sens mais l'information est floue et on a du mal à la comprendre. Une voix qui murmure un charabia, une odeur que l'on n'arrive pas à définir, une image que l'on n'arrive pas à décrire…

Ce processus de canalisation fonctionne pour absolument tout ce qui contient de l'énergie, il nécessite deux éléments pour avoir lieu :

- Un émetteur et un récepteur
- Les corps subtils / énergétiques

L'émetteur, c'est la personne ou l'élément (vivant ou non) qui émet l'information vibratoire qui contient des informations, comme des émotions, des traumatismes, des pensées… Le récepteur, c'est la personne qui réceptionne ces informations vibratoires, et qui va les retranscrire par un ou plusieurs de ses canaux extrasensoriels. C'est ce qu'on appelle le processus de « canalisation ».

Mais comment est-ce possible de réceptionner de l'énergie ? Et d'en émettre ? La réponse se trouve dans les « corps subtils », aussi appelés « corps énergétiques » et « chakras ».

L'ANATOMIE ÉNERGÉTIQUE

L'énergie serait donc émise et reçue à travers nos corps énergétiques. Nous en possédons sept, émettant chacun un halo autour de nous, et partant tous de différents points spécifiques situés le long de la colonne vertébrale : les « chakras ».

Un peu d'histoire…

Pour comprendre l'origine des chakras, il faut remonter à 800 à 400 ans av. J.-C., dans les textes anciens comme les Upanishads, considérés comme les plus anciens textes de la littérature védique *(le terme « védique » désigne tout ce qui est lié aux Védas, les textes sacrés anciens de l'Inde qui forment la base de la religion hindoue et de la spiritualité indienne).* Ces écrits sont considérés comme une source fondamentale de sagesse spirituelle et ont influencé non seulement l'hindouisme, mais aussi d'autres traditions spirituelles et philosophiques en Inde et dans le monde.

Ces textes décrivent les chakras comme des points de convergence de canaux d'énergie se situant dans les corps subtils. Le mot « chakra » dérive du sanskrit et signifie « roue » ou « disque », faisant référence à la nature circulaire des corps énergétiques auxquels ils sont liés.

Les chakras sont les points d'énergie qui permettent à nos corps énergétiques de se déployer. Si l'un de nos chakras est fermé ou bloqué, notre corps énergétique le sera aussi, et tout ce qui le compose *(l'énergie vitale, l'équilibre émotionnel associé, la libération des blocages qu'il permet...)* ne pourra pas être assimilé.

Chaque chakra à son importance et ses caractéristiques.

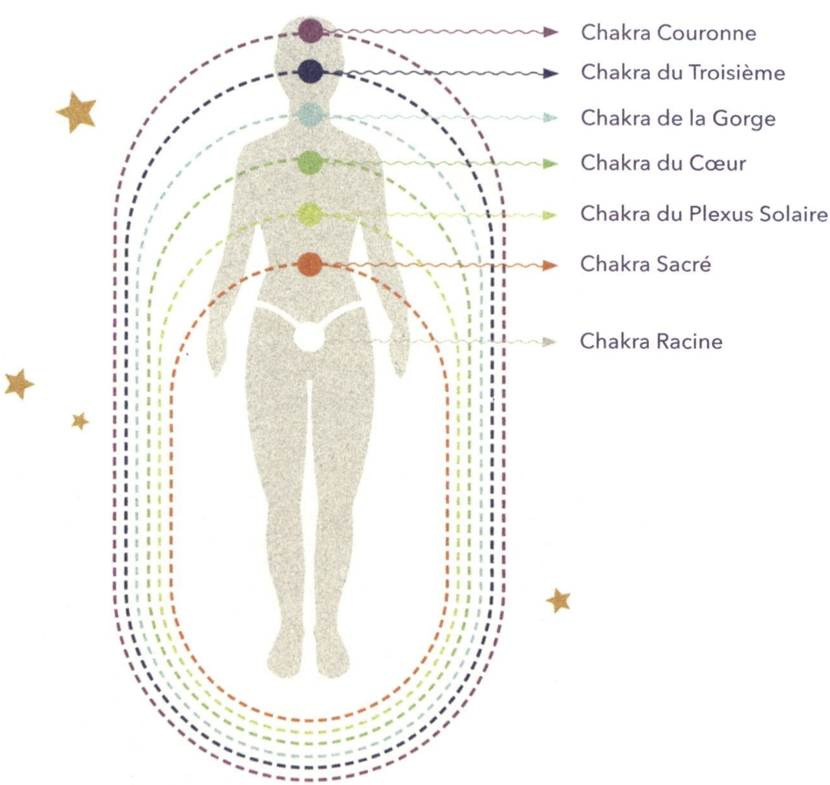

◉ **Chakra Racine (*Muladhara*)** relié au corps physique

Muladhara est associé à notre connexion avec la terre. Il nous apporte de la stabilité émotionnelle, un sentiment de sécurité et d'enracinement qui favorise la clarté d'esprit et la connexion à l'instant présent. C'est LE chakra qui nous permet de ne pas dire « la vie passe si vite ! » parce qu'on aura été profondément ancré dans chaque moment de vie et qu'on l'aura vécue à 100 %.

◉ **Chakra Sacré (*Svadhishthana*)** relié au corps éthérique

Svadhishthana est relié à nos émotions, nos désirs et notre créativité. Il influence notre vitalité, notre puissance intérieure et notre énergie féminine chez tous les genres. Il nous aide à ressentir le plaisir sous toutes ses formes et à éprouver de l'empathie, envers les autres et envers soi.

◉ **Chakra du Plexus Solaire (*Manipura*)** relié au corps émotionnel

Manipura est centré sur la volonté, l'estime de soi et le pouvoir personnel. Il nous aide à passer de la pensée à l'action, car il favorise la confiance en soi et active notre énergie masculine. Il aide aussi à transformer les émotions en énergies positives : quand on a confiance en soi, on voit la vie d'une manière bien plus positive et ce, quelle que soit l'expérience négative que l'on vit.

◉ **Chakra du Cœur (*Anahata*)** relié au corps mental

Anahata est au centre de l'amour, de la compassion et des relations harmonieuses. Il est lié à notre capacité à donner et recevoir de l'amour inconditionnel et à perdre cet état d'esprit « critique ».

◉ **Chakra de la Gorge (*Vishuddha*)** relié au corps causal

Vishuddha est associé à la communication, à l'expression de soi et à la créativité verbale. Il joue un rôle dans la manifestation de nos pensées et de nos intentions. C'est lui qui nous permet d'exprimer nos limites et nos besoins sans crainte.

Ces cinq premiers chakras sont connectés avec le monde extérieur, le monde « matériel » et « perceptible ». Les deux chakras restants sont connectés avec le monde subtil. Ils sont indispensables pour développer nos capacités extrasensorielles.

◉ **Chakra du Troisième Œil (*Ajna*)** relié au corps spirituel (ou corps bouddhique)

Ajna est le centre de l'intuition, de la clairvoyance et de la perception psychique. Il nous connecte à notre sagesse intérieure et à notre capacité à voir au-delà des apparences physiques. « À lire l'âme ».

◉ **Chakra Couronne (*Sahasrara*)** relié au corps Divin (ou Atmique)

Sahasrara est la conscience spirituelle et l'unité avec l'univers. Il transcende les limites du corps physique et notre compréhension du monde, et nous connecte à notre essence spirituelle universelle.

Ces chakras ont donc un rôle déterminant dans la canalisation, car ce sont eux qui émettent « la fréquence radio » et permettent de s'y connecter pour recevoir les messages. En tant qu'humains avec un corps physique, nous sommes le canal qui réceptionnons ces fréquences (à l'aide de nos capacités extrasensorielles), que nous transformons ensuite en « mots » et en images grâce à nos cinq sens.

Comme nous venons de le voir, chaque chakra crée un corps énergétique qui se manifeste comme un halo imperceptible à l'œil nu autour de chaque individu, et possède des informations précises sur sa vie. *(Attention ce halo n'a rien à voir avec l'aura de la personne.)*

Si nous partons du principe que, tout comme chaque cellule a sa propre énergie et sa mémoire, les corps énergétiques peuvent laisser des « empreintes » ou des « résidus » énergétiques sur des objets qu'ils ont possédés, des lieux dans lesquels ils ont vécu ou sur des personnes proches.

Ceci pourrait expliquer non seulement la raison pour laquelle nous « ressentons » des choses sur des personnes que nous ne connaissons pas, mais aussi pourquoi nous arrivons à « lire » l'histoire de vie d'une personne ou d'un lieu, ou de réaliser des soins énergétiques. Ces soins énergétiques viennent modifier / nettoyer les « résidus énergétiques » qui perturbent parfois le bon fonctionnement d'un lieu ou l'état émotionnel d'une personne. Rappelez-vous, quelle capacité extrasensorielle permet d'agir sur des éléments à distance ? La Télékinésie ! Il est tout à fait probable, dans ce cas précis, que ce soit cette capacité qui permette de déplacer ces résidus énergétiques et de « nettoyer » la personne ou le lieu de ces empreintes, libérant ainsi toutes les traces émotionnelles et l'histoire contenues par ces résidus.

Maintenant que nous comprenons mieux le fonctionnement de l'énergie, nous pouvons comprendre comment les soins énergétiques peuvent agir pour modifier les cellules énergétiques défaillantes ou souffrantes afin de les « réparer ». Un peu comme le ferait un chirurgien avec une intervention physique, le praticien en soins énergétiques travaille sur le plan subtil pour rééquilibrer et harmoniser l'énergie contenue dans les corps subtils en agissant sur les cellules énergétiques qui sont défaillantes et en enlevant les résidus qui ont été laissés par d'autres personnes. Le but de ces soins est de restaurer un flux énergétique sain et naturel, permettant ainsi au corps et à l'esprit de retrouver un état d'équilibre et de bien-être émotionnel optimal. Ce processus peut parfois libérer des émotions refoulées ou des mémoires anciennes, puisqu'il libère les cellules mortes qui contiennent les émotions liées à des traumatismes.

Pour résumer : nos corps énergétiques renferment notre histoire et les émotions qui y sont associées. Ces informations peuvent être canalisées, de manière volontaire ou non, grâce aux capacités extrasensorielles et à l'utilisation de nos sens. Ces corps énergétiques peuvent également stocker* des résidus énergétiques : des fragments de notre vécu et de nos émotions. Ces résidus peuvent alors interagir avec les corps énergétiques d'autres personnes et se loger dans des objets ou des lieux.

Finalement, c'est assez simple, n'est-ce pas ? Mettre des mots sur ces concepts rend les choses plus claires et compréhensibles. Cela aide à démystifier des idées qui peuvent sembler abstraites et permet de mieux saisir comment elles influencent notre vie quotidienne.

D'autres éléments jouent encore un rôle crucial dans la qualité de la canalisation, et influencent profondément la précision et la profondeur de ce que nous percevons : les liens émotionnels.

LES LIENS ÉMOTIONNELS

Vous est-il déjà arrivé d'entrer dans une maison et de ressentir tout de suite une énergie ? Parfois, c'est une sensation agréable et positive, mais d'autres fois, on veut juste déguerpir le plus vite possible de cet endroit. Ce phénomène n'est pas forcément lié à une maison hantée. Comme nous venons de le voir, c'est plus souvent le résultat des fragments des corps émotionnels d'un ancien habitant ou d'une personne de passage encore présents dans la maison. Mais pourquoi laissons-nous ces résidus énergétiques ? Cela s'explique à travers les liens émotionnels.

Les liens émotionnels se forment à travers nos expériences de vie avec les personnes, les objets et les lieux qui nous entourent. Lorsque nous vivons des émotions fortes, qu'elles soient positives ou négatives, nous créons des « empreintes énergétiques ». Ces empreintes sont des résidus de nos corps énergétiques créés par ces expériences émotionnelles. Ce sont, d'une certaine manière, la mémoire de nos liens sociaux qui contiennent toutes leurs informations. Comme des marques indélébiles qui peuvent perdurer dans le temps.

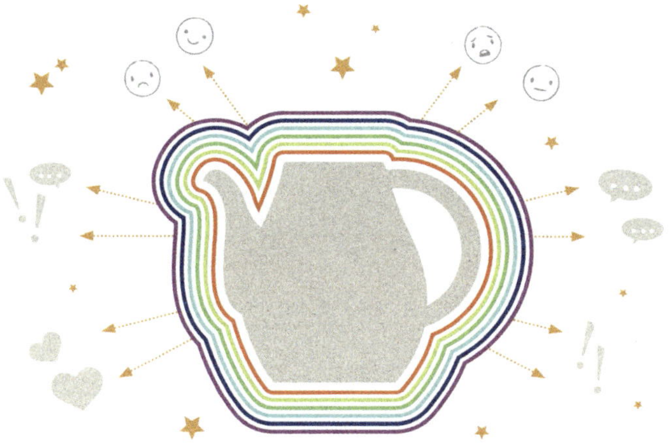

- Les Objets -

De la même manière, les objets personnels tels que les meubles, les vêtements ou les objets décoratifs portent les empreintes émotionnelles de leurs anciens propriétaires. Les objets qui ont une symbolique particulière sont d'autant plus impactés. Ces objets peuvent conserver des vibrations qui affectent notre perception lorsque nous entrons en contact avec eux. Par exemple, un objet précieux qui a été associé à des souvenirs heureux ou à des moments de tristesse peut influencer notre ressenti lorsqu'on le manipule.

- Les Maisons -

Lorsque nous pénétrons dans une maison, nous ressentons souvent une atmosphère particulière. Ce sentiment est souvent attribué à l'architecture ou à la décoration, mais il est en réalité souvent influencé par les émotions des personnes ayant vécu dans cet espace. Les murs, les meubles et l'atmosphère de la maison ont absorbé les émotions de ses anciens occupants. Ainsi, le ressenti que nous avons dans une maison est une combinaison des énergies laissées par ceux qui l'ont habitée avant nous. C'est pourquoi on entend souvent dire « nettoyez votre maison avant d'y entrer », de manière à enlever le restant des énergies des anciens occupants et de pouvoir s'attribuer pleinement les lieux. Malheureusement, parfois un simple nettoyage au gros sel ne suffit pas car les empreintes vibratoires sont trop importantes, il est nécessaire dans ces moments-là de faire appel à un praticien.

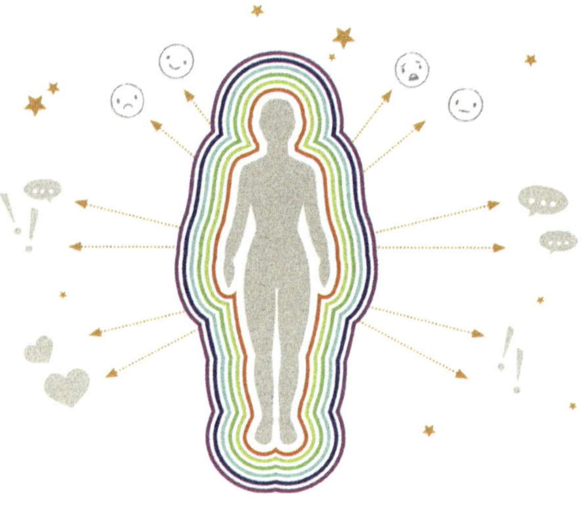

- Les personnes -

Il m'est souvent arrivé de percevoir des informations qui ne concernent pas directement la personne pour laquelle je réalise une consultation, mais plutôt à ses proches : son enfant, son partenaire de vie ou même un parent. Cela est lié aux liens émotionnels. Comme je vous l'ai expliqué, les résidus énergétiques peuvent se mélanger entre différentes personnes, surtout lorsqu'elles ont une relation significative avec nous, comme l'amour ou des sentiments profonds. Ainsi, il est tout à fait normal de ressentir la présence de ces proches lors d'un soin ou d'une lecture énergétique. Souvent, ce sont ces résidus énergétiques que nous captons, et s'ils sont présents, c'est généralement parce que la personne traverse une période forte ou difficile. Nous percevons donc les résidus laissés par cette personne dans l'énergie de notre consultante, car un moment intense est vécu par son proche.

- Les défunts -

Les énergies émises par nos corps subtils laissent des traces autour de nous. C'est donc en me basant sur cette théorie énergétique qu'il m'est possible de vous expliquer pourquoi nous pouvons communiquer avec les défunts. Durant des séances ou même dans la vie de tous les jours, lorsqu'il nous arrive de ressentir la présence d'une personne ou d'un animal disparu. Ce que nous percevons n'est évidemment pas la personne en elle-même, mais ses empreintes énergétiques. Lorsque nous ressentons des émotions, des traits de caractère ou des souvenirs appartenant à un défunt, c'est grâce à l'une de nos capacités que nous captons ces résidus énergétiques. C'est donc ainsi que l'on peut entendre, voir ou sentir leur présence d'une manière tangible. Bien que cette explication soit cohérente et puisse aussi éclairer le phénomène des lieux dits « hantés », où les murs et objets seraient imprégnés des énergies laissées par leurs anciens occupants, elle a ses limites. Par exemple, dans les cas de poltergeists, où des objets semblent bouger par eux-mêmes, il s'agirait d'une interaction entre des énergies subtiles et des objets physiques. Si la télékinésie permet de déplacer des objets à distance, cela semble, d'après ce que nous comprenons actuellement, n'être possible qu'avec l'énergie émise par une personne vivante.

Bien sûr, cette théorie repose sur des recherches scientifiques et mes propres analyses. Cela n'exclut cependant pas d'autres explications possibles sur ce qui survient après la mort. Peut-être que d'ici quelques siècles, une meilleure compréhension des capacités subtiles de l'être humain permettra enfin de lever définitivement le voile sur ce mystère.

- La Perception des Énergies -

Lors des séances de canalisation ou de tirages de cartes, les empreintes émotionnelles des objets et des espaces peuvent interagir avec notre propre énergie. Ces résidus vibratoires peuvent influencer les messages que nous recevons et les informations que nous obtenons. Comprendre ces influences peut enrichir notre pratique et nous permettre de mieux faire le tri dans ce que nous percevons.

Pour gérer les empreintes énergétiques résiduelles, il est important de pratiquer des techniques de purification et de nettoyage énergétique. Des méthodes telles que la méditation, les rituels de purification, l'utilisation de cristaux et d'encens peuvent aider à rétablir un équilibre énergétique. Ces pratiques permettent de libérer les énergies stagnantes et de créer un espace propice à une canalisation claire et précise. Nous verrons ça dans le chapitre 3.

Interprétation des énergies

Récapitulatif du processus de canalisation :

Pour rappel, le processus de **Canalisation** est possible grâce à deux éléments : un récepteur *(la personne qui reçoit l'information)* et un émetteur *(celle qui émet l'information).* Cet émetteur peut être un être vivant dont on capte les corps énergétiques, un objet ou un lieu qui possède les résidus vibratoires d'une personne.

Les trois étapes du processus de canalisation :

1. la **Réception** de l'information par nos corps subtils, qui « absorbent » les informations vibratoires émises ou laissées par un être vivant, comme un champ magnétique.
2. la **Retranscription** de l'information, qui est reçue par le récepteur et va être transmise à nos capacités extrasensorielles. Ce sont elles qui transmettent, via nos sens, les informations reçues.
3. l'**Interprétation** de l'information, l'étape indispensable qui nous permet de comprendre ce que l'on ressent et surtout d'effectuer une lecture énergétique ou un soin par la suite.

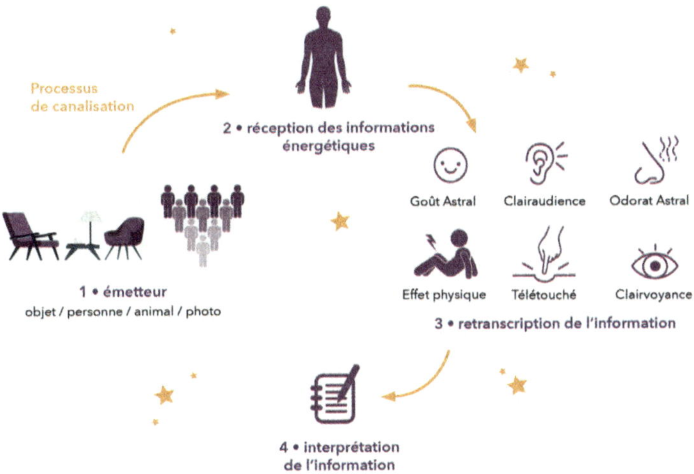

Interpréter les énergies que l'on ressent est peut-être la chose la plus difficile du processus. C'est à ce moment même que tout se joue. Si nous interprétons mal les informations reçues, on peut commettre des erreurs et se tromper complètement dans notre lecture. C'est d'ailleurs la raison qui explique pourquoi, parfois, des médiums ou voyants se trompent sur leurs prédictions.

Avant de rentrer plus en profondeur sur le sujet des distorsions interprétatives, c'est-à-dire ce qui peut interférer dans l'interprétation des énergies que l'on canalise, nous allons voir en détail comment les interpréter.

Depuis mon enfance, il m'est arrivé de nombreuses expériences paranormales. En grandissant, j'ai appris à comprendre et à écouter les énergies qui m'entourent. Ce qui a été compliqué dans ce processus, c'est surtout d'arriver à interpréter correctement celles que je ressentais. Dans ce qui va suivre, vous allez donc trouver des informations précieuses pour vous aider à interpréter les énergies que vous ressentez. Tout ce que je vais vous transmettre est, comme je vous l'ai précisé au début de ce livre, le fruit de mes recherches, de mes expériences, mais aussi de ce que j'ai pu expérimenter en consultant des professionnels de l'énergétique *(voyants, médiums et énergéticiens).*

Trois concepts importants vous aideront à établir des analyses justes et efficaces :

- Énergies hautes / énergies basses
- La notion des distances
- Concept de l'Entonnoir

Ces concepts sont plutôt simples à comprendre mais plus difficile à appliquer. Ils peuvent cependant erroner tout un tirage ou un soin s'ils ne sont pas bien maîtrisés. Ils vous permettront non seulement de faire la différence dans les informations énergétiques canalisées pour savoir si ce que vous ressentez est « bon » ou « favorable » ou si ce que vous ressentez est « mauvais » ou « défavorable ». Mais aussi de vous détacher des outils que vous utilisez *(les cartes notamment)* et de leur interprétation générale pour laisser place à votre propre interprétation en écoutant vos capacités et les messages que votre corps vous envoie. Ce qui vous permettra évidemment d'être beaucoup plus précis dans votre pratique, mais aussi beaucoup plus performant !

ÉNERGIES HAUTES / ÉNERGIES BASSES

Imaginez que vous êtes appelé pour réaliser un nettoyage dans une maison. La personne qui vous a contacté vous confie qu'elle vit des choses étranges dans sa maison et qu'elle ne se sent pas seule. Elle aimerait que vous interveniez pour comprendre ce qu'il se passe et régler le problème. Votre objectif en arrivant est d'abord d'analyser les lieux pour comprendre le type d'énergie qui est présente, pourquoi elle est là, puis réussir à la faire partir.

Ce n'est pas l'information en elle-même qui est cruciale, mais la source qui l'a générée. Peu importe ce que les faits semblent révéler ou ce que disent les personnes impliquées, il est essentiel de dépasser les apparences que notre mental nous présente pour identifier les émotions profondes à l'origine du problème. En comprenant la provenance des informations canalisées, nous pouvons adapter notre analyse de manière plus précise, utiliser les outils appropriés et transmettre les bons messages.

Tout le challenge est là. Pour nettoyer l'énergie d'un lieu, il est indispensable de savoir ce que cette énergie est venue faire ici. Il faut connaître les raisons du problème pour l'éradiquer. Pour ça, il faut évidemment savoir si cette énergie a de bonnes ou de mauvaises intentions, ce qui donnera naissance à un chemin d'action plus précis.

En arrivant dans le lieu, vous pouvez vous faire influencer par les dires du propriétaire, qui est certainement effrayé, voire agacé par cette énergie. Vous pouvez donc percevoir négativement cette énergie et donc partir sur ce principe en réalisant le nettoyage. Vous vous baserez dans ce cas-là, sur des faits liés au mental, et non sur ce que vous indiquent vraiment vos capacités. Votre canalisation sera alors complètement faussée et le nettoyage énergétique ne sera pas efficace, car vous n'aurez pas cerné le problème source. Nous ne pouvons pas résoudre un conflit sans en connaître la source et les intentions de chaque partie impliquée.

Maintenant, imaginez que cette énergie soit en fait un défunt qui a un message à passer aux occupants, qu'il a de bonnes intentions mais qu'il utilise des méthodes plus « fortes » pour se faire entendre. Vous serez passé à côté d'une transmission de message, le problème ne sera pas réglé et le défunt continuera ses actions dans les lieux car il n'aura pas réussi à passer son message.

Il est donc très important de déterminer si l'énergie est à des vibrations hautes ou basses et de bien cibler le problème de fond de chaque soin ou pratique, pour réussir à transmettre le bon message et régler le problème des personnes concernées. Il en va de même pour les tirages de cartes. L'information reçue est toujours neutre, c'est l'intention qui y est associée qui la fera basculer vers le « positif » ou le « négatif ». Une grossesse n'est pas toujours une bonne nouvelle pour tout le monde. Une séparation n'est pas toujours mauvaise non plus. Vous comprenez l'idée ?

Toutes les informations que vous canalisez passent par vos capacités extrasensorielles (liées aux cinq sens) et vous procureront des sensations dans le corps.

Imaginez sentir une bonne odeur de parfum à la rose, c'est agréable pour notre odorat, n'est-ce pas ? Maintenant, imaginez sentir une odeur d'œuf pourri, moins agréable, on est d'accord ? Le principe est aussi simple que ça. Concentrez-vous sur l'information reçue et demandez-vous si votre corps l'assimile à quelque chose d'agréable ou non. Cela vous donnera l'intention qui se cache derrière l'information énergétique reçue.

Pour reprendre l'exemple de la maison à nettoyer, si en rentrant dans cette maison et en commençant à analyser les énergies qui s'y trouvent, des ressentis doux et agréables traversent votre corps, même si les habitants sont effrayés, cela indique que l'intention est positive et qu'il n'y a pas de mauvaise entité présente. À l'inverse, si en passant le pas de la porte vous ressentez des sensations, des odeurs désagréables ou des maux physiques, alors les énergies présentes sont mal intentionnées.

Ça semble intuitif, pourtant dans la pratique, notre cerveau va se mettre à prendre plus de place que notre corps, nous poussant à sur-analyser ou à fausser notre jugement. Il est donc primordial de se détacher de ce que l'on appelle « les biais cognitifs » et « les convictions collectives », dont je parlerai ensuite.

Pour vous aider à bien interpréter vos ressentis lorsque vos capacités extrasensorielles vont canaliser des énergies hautes ou basses, je vous ai fait un petit tableau *(comme vous l'avez vu, j'innove, encore un tableau recap !)*.

	Auditif	Visuel	Tactile	Olfactif	Gustatif
Énergies Hautes	**Sons mélodieux, doux**	**Lumières douces, couleurs apaisantes**	**Sensation de chaleur douce, douceur**	**Odeurs agréables**	**Goûts agréables, sucrés ou doux**
Exemple	Musique apaisante, chant des oiseaux	Lumière dorée, couleurs pastel	Caresse, sensation d'enlacement, chaleur	Parfum de rose, senteur de lavande	Miel, bonbons, saveurs d'enfance
Énergies Basses	**Bruits stridents, cris, sons discordants**	**Ombres, couleurs sombres et oppressantes**	**Sensation de froid, douleur**	**Odeurs désagréables**	**Goûts amers, acides, désagréables**
Exemple	Grincements, hurlements, bruits métalliques	Ombres mouvantes, couleurs noirâtres et ternes	Courant d'air glacé, sensation de piqûre, douleur corporelle aiguë	Œuf pourri, pourriture, odeur de brûlé	Goût de médicament amer, saveur de métal

Ce tableau est évidemment non exhaustif, on peut ajouter de nombreux exemples mais c'est un bon point de départ pour vous donner une idée de l'analyse des énergies par vos sens. Intégrer ce concept permet d'analyser plus précisément les énergies et de réaliser des pratiques énergétiques avec succès. Cependant, il est important d'apprendre à se fier à ses ressentis intuitifs et à se détacher des influences extérieures.

LA NOTION DES DISTANCES

Dans la canalisation, les distances ne représentent pas une mesure mais une notion d'éloignement ou de proximité dans les liens relationnels.

Lorsque l'on perçoit une personne ou une situation comme « éloignée », cela ne signifie pas qu'elle aura lieu dans le futur mais qu'elle possède un lien affectif « pauvre » ou non entretenu par la personne.

C'est une notion très importante qui peut donner un tout autre sens aux interprétations et aux messages que l'on donne.

Si un élément, une personne ou une situation semble :

- lointaine ou de petite taille, cela démontre une distance affective avec la personne concernée par la canalisation
- proche ou de grande taille, cela représente une proximité affective avec la personne concernée par la canalisation

La taille de la distance est donc un indicateur de la force ou de la faiblesse du lien dans une relation. Une notion simple et efficace !

CONCEPT DE L'ENTONNOIR

J'utilise régulièrement cette notion pour mes canalisations. Simple à comprendre et à mettre en pratique, elle m'a permis d'affûter mes interprétations au fil du temps.

Elle se base sur la durée d'absorption de l'énergie durant la canalisation. Autrement dit, du temps que l'on passe à « lire » l'énergie de la personne ou du lieu. Plus nous prenons le temps de capter une énergie, plus elle sera facile à comprendre. Comme pour les relations humaines, plus on passe du temps avec une personne, plus on la connaît.

Au début d'une canalisation, il peut vous être difficile de lire une énergie à travers vos capacités extrasensorielles, surtout si cette énergie vous est inconnue.

Commencez par ressentir ses plus gros points énergétiques, souvent récents. Les émotions qui y sont stockées sont plus vives, plus simples à percevoir. Ce sont elles que vous allez capter en premier.

Plus vous entrez en contact avec l'énergie de cette personne ou de ce lieu, plus vous avez accès à des aspects plus profonds de ses émotions. Celles qui sont cachées dans ses corps énergétiques et qui, parfois, font partie des méandres de son passé.

Ce n'est qu'ensuite que vous percevrez ce qui se cache derrière ses deux premières couches émotionnelles, comme les différents chemins de son avenir (dans le cas de la canalisation d'une personne).

Ce processus peut être long et puiser dans votre énergie, surtout si vous débutez. Je vous conseille de vous entraîner bien, mais peu. Il vaut mieux faire moins de séances, mais en privilégier des longues et plus profondes, de manière à bien expérimenter ces différentes couches de lecture énergétique.

Les distorsions interprétatives

Évidemment, l'humain reste un humain, il est composé d'émotions, de croyances, d'un prisme qu'il s'est construit à travers ses propres expériences de vie et donc il n'est pas à l'abri de l'erreur. Interpréter l'information énergétique que l'on reçoit demande d'être complètement neutre, l'idéal serait d'être dépourvu de toute croyance et de tout passé, pour éviter à l'information canalisée d'être modifiée et altérée par toutes nos couches de vie.

Malheureusement, cela est presque impossible. L'humain interprète et interprètera toujours l'information qu'il voit, entend ou ressent en fonction de son prisme de vie *(sa manière de voir la vie en fonction de ses expériences passées ou de son éducation)*. Imaginez deux personnes, Alice et Marc, assistant à une réunion où Claire exprime son mécontentement. Alice, ayant récemment eu des conflits au travail, interprète les propos de Claire comme une attaque personnelle, sentant une résonance avec ses propres frustrations. Marc, au contraire, voit les commentaires de Claire comme une simple expression de frustration sans lien personnel. Bien qu'ils entendent les mêmes mots, leurs interprétations varient selon leurs expériences personnelles et perspectives, montrant comment chacun filtre l'information à travers son propre prisme de vie.

Mais, parce qu'il y a toujours des solutions à tout, il est possible d'être précis et neutre dans ses interprétations. Pour cela, il faut travailler suffisamment sur soi jusqu'à être débarrassé des plus grosses couches de croyances et de blessures que l'on porte afin d'arriver à reconnaître ses failles par cœur lorsqu'elles refont surface. Cela permettra d'éviter, durant une lecture énergétique ou un soin, d'interpréter les informations canalisées en fonction de son prisme de vie ou même de ses envies et de se plonger pleinement dans les énergies de la personne que l'on aide. Sans y mettre notre jugement, nos pensées ou nos peurs.

Mais bien que l'on travaille très fort sur soi, l'erreur reste inévitable.

J'étais à Bali, dans un paysage incroyable qui fut l'un des stops de notre tour du monde quand j'ai rencontré ce couple de Français adorable avec qui nous avons sympathisé. Ne me demandez pas comment la discussion en est arrivé là mais je me suis retrouvée à leur faire les cartes. L'homme du couple traversait une période très difficile dans sa vie. Son père était souffrant et cela allait certainement le ramener plus vite que prévu de son voyage. Il m'avait demandé de regarder comment l'état de santé de son père allait évoluer. Je n'aimais pas particulièrement faire des tirages sur la santé, encore plus quand il s'agissait de savoir si la mort allait l'emporter sur la vie. Mais, je ne pouvais pas le laisser comme ça, sans savoir, sans espoir. Alors je me suis exécutée.

Des tirages comme ceux-là, pour connaître l'évolution de l'état de santé d'une personne, j'en ai fait des centaines. Rares sont les fois où je me suis trompée. Alors, j'étais confiante malgré tout. Souvent, je me trompe sur des détails comme la date ou le nom de la maladie, mais jamais sur les symptômes ou la finalité.

Je lui tire donc les cartes, accompagnée d'une photo de son père *(ce qui m'a toujours aidée à mieux canaliser quelqu'un que je n'ai pas devant moi)*, puis je commence à ressentir les premiers symptômes de sa maladie. La fatigue extrême, la douleur dans son corps mais aussi une perte totale d'envie, une vision noire du futur et la sensation qu'il avait baissé les bras et attendait simplement de s'en aller. C'était troublant. Je sentais que quelque chose n'allait pas dans son corps mais pourtant je sentais aussi qu'il pouvait le combattre ! Je dis à mon consultant que son père devait continuer de se battre et retrouver l'espoir de vivre. Je lui confirmais que c'était ce qui allait changer la donne sur la maladie. Que s'il le faisait, s'il retrouvait cet espoir, il s'en sortirait.

J'en étais convaincue.

À cette époque, la vie pour moi était synonyme d'espoir et de volonté. J'étais persuadée qu'avec beaucoup d'envie, tout était réalisable et qu'il suffisait d'avoir la flamme. Mais je sentais que son père ne l'avait plus et ce, depuis longtemps. Seulement, je ne voulais pas le voir.

Quelques jours plus tard, cet homme dut partir précipitamment de Bali pour retourner en France. Il avait été contacté quelques heures plus tôt avec de terribles nouvelles. Son père venait d'être hospitalisé d'urgence, il avait un cancer généralisé et se trouvait en phase terminale. Un cancer foudroyant comme ils appellent ça.

J'ai senti le monde s'ouvrir en deux sous mes pieds. Je m'en voulais terriblement de ne pas avoir vu la vérité en face. Je m'en voulais de lui avoir donné un message d'espoir alors que les cartes étaient claires : la mort était là. Je le sentais, mais j'étais persuadée, à travers mon prisme de vie, qu'il pouvait changer la donne. Mais j'ai omis quelque chose de très important.

> J'ai la capacité de lire l'avenir mais pas de le changer.

Malgré ma façon de penser, ce que je ressentais était là et je n'avais pas le droit de pousser cet homme malade à mener un combat qu'il n'avait pas choisi. Il avait choisi de partir en refusant de se faire soigner depuis plusieurs mois. Je ne pouvais pas changer quoi que ce soit sur sa décision. Je n'en n'avais simplement pas le droit. Je n'étais personne pour l'en obliger, d'autant plus que je n'avais pas cet homme devant moi et que je n'avais aucun impact sur son existence.

Je devais transmettre les informations telles qu'elles me parvenaient, sans chercher à les modifier, même si elles pouvaient être difficiles à entendre. C'est ainsi. Nos capacités ne nous confèrent pas le droit d'agir sur la vie des gens. Mais de les guider au mieux tout en respectant leur choix. Il souhaitait que je lui dise si son père allait ou non s'en sortir. Pas plus.

J'ai mis des mois entiers à reprendre un jeu de cartes dans les mains et à refaire des tirages. Mais cela m'a servi de leçon.

Si nous décidons d'aider les gens grâce à nos capacités, nous devons aussi accepter que ce que nous allons ressentir ou partager à travers nos outils ne nous appartient pas. Nous n'avons ni le droit ni le pouvoir de changer quoi que ce soit même si parfois nous pensons le faire pour aider la personne. Si quelqu'un vient vers nous pour savoir quelque chose, c'est qu'il est prêt à l'entendre et nous n'avons pas le droit de mettre nos émotions ou nos envies à l'intérieur de la réponse. Même si cela nous démange car nous ne voulons faire de mal à personne.

Il faut respecter le choix des personnes qui viennent nous consulter et elles ont le droit d'obtenir la réponse qu'elles demandent. Sans fioriture ni faux-semblants.

Après avoir ressenti toutes les informations canalisées via nos capacités extrasensorielles, provenant d'un individu, d'un lieu ou d'un objet, il va falloir les comprendre afin de les exploiter.

Si nous sommes dans le cadre d'une lecture énergétique qui consiste à percevoir l'énergie globale d'une personne afin d'en savoir plus sur son état émotionnel, physique, relationnel et spirituel, nous allons recevoir diverses informations qu'il va falloir arriver à décortiquer, intégrer puis transformer en mots pour les transmettre à leur destinataire. Ce qui n'est pas toujours évident à faire car nous manquons souvent de mots et de formes pour transmettre ce que nous ressentons dans notre corps et notre esprit. Nous n'avons pas tous le talent de raconter des histoires en transmettant des messages clairs et en utilisant les mots justes. C'est l'essence même du travail d'un énergéticien. Un énergéticien ne se contente pas de voir l'invisible ; il tisse les fils du passé, du présent et du futur pour créer une trame cohérente, une histoire de vie. Il relie les événements, les émotions et les énergies pour dévoiler une narration qui éclaire le chemin de chacun. C'est bien plus qu'une simple lecture ; c'est une véritable exploration de l'âme où chaque détail compte, et où l'énergéticien devient le conteur des récits intérieurs qui demandent à être entendus.

Pour réussir à transmettre avec clarté et justesse les messages que nous percevons, il est souvent nécessaire de s'appuyer sur des outils qui nous permettent de structurer cette histoire intérieure. Ces outils agissent comme des ponts entre notre monde intérieur et l'expression verbale. Ils nous aident à traduire les émotions éphémères, les visions brèves et les intuitions subtiles en récits tangibles et compréhensibles pour l'autre personne.

Ces outils nous offrent un cadre dans lequel nous pouvons ancrer nos perceptions. Ils permettent de clarifier les symboles et les archétypes que nous percevons et de les transformer en mots qui résonnent avec authenticité. Ainsi, au lieu de se perdre dans la complexité de nos ressentis, nous pouvons nous appuyer sur ces instruments pour créer un récit cohérent et faire passer nos intuitions de l'état brut à une forme raffinée, prêtes à inspirer et à éclairer ceux qui croisent notre chemin.

LES CONSEILS CLÉS :

- Travaillez sur vous pour réduire l'impact de vos propres émotions et croyances sur votre interprétation. La neutralité vous permet de percevoir les informations plus clairement et sans biais personnel. Nous irons justement approfondir le travail sur soi dans le chapitre 2 de ce livre.
- Reconnaissez et examinez vos propres expériences passées, croyances et perspectives. Cela vous aidera à identifier et à minimiser les biais qui pourraient altérer votre interprétation.
- Fournissez les informations canalisées telles qu'elles vous parviennent, même si elles sont difficiles à entendre. Évitez de modifier ou d'embellir les messages. Travaillez la manière de les transmettre sans en modifier le sens.
- Respectez les décisions et les souhaits des personnes qui viennent vous consulter. Votre rôle est de guider et d'informer, sans tenter de changer leur situation ou de les influencer selon vos propres opinions.
- Reconnaissez que vous avez la capacité de lire les énergies et de percevoir des informations, mais pas de changer la réalité des personnes. Votre objectif est d'offrir des éclaircissements et des conseils, pas de modifier les faits.
- Recourez à des outils et méthodes qui vous aident à organiser et à clarifier les informations perçues. Ces outils vous permettent de traduire les ressentis en messages compréhensibles et significatifs.

Comprendre les outils à notre disposition

Bon, avant tout soyons honnêtes : on n'a pas vraiment besoin d'outils pour lire l'avenir, le passé ou même le présent. En réalité, si on avait une confiance absolue en nos ressentis, on pourrait complètement s'en passer. Mais pour en arriver là, il faut une sacrée dose de confiance en soi, une maîtrise presque totale de nos canalisations, et surtout des heures et des heures d'entraînement et de pratique à son actif. Et pour commencer, on a besoin… eh bien d'outils ! Puis parce que nous sommes « trop » humains, on a besoin de concret pour être rassurés, alors utiliser des outils semble souvent indispensable.

Quand on fait ses premiers pas dans ce monde où la psychologie se mêle aux énergies, il est facile de se sentir submergé par la multitude d'outils disponibles. Du tarot aux oracles, en passant par le pendule, la numérologie, l'astrologie, ou encore le Human Design[7], les options semblent infinies. Chacun de ces outils a ses particularités, ses subtilités, et peut répondre à des besoins spécifiques.

Avant de commencer, j'aimerais vous expliquer pourquoi je mets l'astrologie, la numérologie et le Human Design dans le même panier que celui de la cartomancie :

Tous ces outils reposent sur un principe commun : l'interprétation des énergies, que ce soit à travers des archétypes et des symboles avec la cartomancie, du sens des chiffres qui nous entourent avec la numérologie, notre mode de fonctionnement en interaction avec l'extérieur grâce au Human Design, ou encore des énergies des astres et leurs alignements avec l'astrologie. Tous ces outils ont pour but de nous aider à décoder les énergies qui influencent nos vies. Ils nous offrent des clés pour comprendre ce qui se passe en nous et autour de nous, et nous aident à éclairer notre chemin.

Peu importe l'outil que vous choisissez d'utiliser, il vous aidera à poser des mots sur vos ressentis, à affiner vos interprétations, et, avec de la pratique, à faire en sorte que vos perceptions se rapprochent de plus en plus de ce que vous ressentez au plus profond de vous. L'outil n'est pas là pour remplacer vos intuitions, mais pour les renforcer, les clarifier, et vous donner une base sur laquelle vous appuyer. Il devient une extension de vous-même, un support pour traduire en mots ce que votre esprit capte mais que votre langage seul ne pourrait exprimer avec autant de précision. C'est là, la magie de tous ces outils.

---

7 Le Human Design est un outil qui permet de comprendre comment nous répondons énergétiquement avec le monde qui nous entoure. Dans nos relations, notre travail et nos passions.

LA BASE DE TOUS LES OUTILS

Avec des outils comme les cartes ou le pendule, ce processus est souvent très intense, car les informations énergétiques que vous captez passent directement par votre corps, vous faisant vivre des sensations physiques et des émotions très fortes. Ces sensations peuvent être subtiles, comme un léger frisson, ou beaucoup plus marquées, comme une pression dans la poitrine, une chaleur soudaine, ou même des douleurs physiques qui ne vous appartiennent pas et qui sont liées à une personne ou une situation. Le véritable défi est d'arriver à traduire ces ressentis en mots pour pouvoir les partager avec la personne qui se trouve en face de vous, afin qu'elle puisse comprendre le message que vous essayez de lui transmettre. C'est un exercice délicat qui demande non seulement de la sensibilité, mais aussi une certaine maîtrise de soi et de ses émotions.

Parfois, les cartes vous montrent des images qui réveillent en vous des souvenirs, des visions, ou des pensées qui semblent venir de nulle part, mais qui résonnent profondément avec la situation que vous explorez. C'est comme si vous entriez dans une histoire qui n'est pas la vôtre, mais que vous comprenez instinctivement. Cette connexion vous permet de puiser dans une source de connaissance qui dépasse votre propre expérience, et c'est là que la magie opère vraiment.

D'un autre côté, des outils comme l'astrologie, la numérologie ou le Human Design fonctionnent différemment. Ils font appel à notre intellect et à notre esprit analytique, car ils reposent sur des systèmes complexes avec des significations prédéfinies. Ces outils sont souvent perçus comme plus « rationnels », car ils sont basés sur des données concrètes : les positions des astres, les chiffres qui font partie de notre vie, ou notre profil énergétique. Cependant, ces méthodes demandent aussi une certaine sensibilité, car il ne s'agit pas simplement d'appliquer des formules toutes faites, mais de les ajuster à notre propre perception et à la situation spécifique que l'on analyse. L'interprétation de ces données demande de faire appel à son intuition, car chaque configuration est unique, et chaque personne a une histoire différente à raconter.

On pourrait penser que les cartes fonctionnent de la même manière, avec leurs significations établies et leurs livrets d'interprétation. Mais en réalité, elles sont souvent utilisées d'une manière très intuitive. D'ailleurs les médiums et voyants qui les utilisent ne se contentent pas de suivre les écrits du livret, ils se connectent à l'énergie de la personne ou de la situation, et les cartes deviennent alors un reflet de ce qu'ils ressentent au plus profond d'eux. Chaque tirage est une histoire unique, racontée à travers les cartes, mais vécue à travers le corps et l'esprit de celui qui les lit.

L'APPROPRIATION DES OUTILS

C'est un peu comme un chef cuisinier qui connaît parfaitement tous les ingrédients, les techniques et les recettes. Mais ce qui le distingue vraiment, c'est sa capacité à s'approprier ces connaissances pour créer quelque chose d'unique, une expérience culinaire qui surprend et provoque de l'émotion. Il ne se contente pas de suivre des instructions, il invente, innove et adapte chaque élément de son plat comme le ferait un artiste avec sa partition. De la même manière, la personne qui possède des capacités extrasensorielles et qui souhaite les développer, que ce soit pour son usage personnel ou professionnel, doit apprendre à s'approprier et réinventer les techniques et les outils qu'elle utilise.

L'appropriation des outils fait toute la différence dans la qualité et la justesse des messages que l'on délivre. Ce n'est pas seulement une question de technique ou de méthode, c'est une question de connexion, d'intuition, et de créativité. L'outil devient alors une extension de soi-même, un moyen d'exprimer ce que nous ressentons et de transmettre un message avec force et clarté.

La magie des outils réside dans l'utilisation que nous en faisons. C'est pourquoi je conseille toujours aux personnes que je forme dans mon académie de ne pas se limiter à un seul outil mais de les mixer entre eux. Par exemple, en combinant la cartomancie avec la numérologie, le Human Design avec les cartes, ou encore le pendule avec l'astrologie, ce qui peut offrir une vision plus complète et plus profonde de notre analyse. Cette approche multiple permet de croiser les informations, de les enrichir, et de révéler des aspects que nous n'aurions peut-être pas vus en utilisant un seul de ces outils. C'est un peu comme regarder un diamant sous plusieurs angles différents : chaque facette révèle une nouvelle vérité, une nouvelle perspective.

Dans cette partie, je ne vais pas vous apprendre à utiliser chaque outil en détail, cela nécessiterait un livre entier dédié à chacun d'eux *(peut-être un jour, qui sait ?).* Par contre, je vais vous expliquer à quoi sert chaque outil, comment vous pouvez les utiliser et les bases de leur utilisation pour savoir comment ils s'utilisent. Pour maîtriser un outil, il faudra que vous vous l'appropriiez, que vous pratiquiez, que vous fassiez des erreurs, et que vous appreniez de ces erreurs. C'est un chemin personnel, qui demande du temps et de la patience.

Si vous voulez vous former plus en profondeur sur l'un de ces outils, il existe de nombreuses formations en ligne. J'ai moi-même créé une formation sur la cartomancie, que vous pouvez retrouver sur mon site internet indiqué à la fin de ce livre. Ce que je vais vous partager et un bon point de départ si vous souhaitez vous lancer dans cette aventure, explorer les énergies, et découvrir la puissance des outils qui vous entourent. Avec de la pratique, ces outils deviendront non seulement des aides précieuses, mais aussi des extensions naturelles de votre intuition et de votre sensibilité.

Dans cette même optique, je vais vous partager quelques astuces que j'ai moi-même expérimentées pour vous permettre de vous approprier ces différents outils. Choisir celui qui vous correspond, l'utiliser correctement, et surtout, l'intégrer dans votre pratique quotidienne avec confiance. Que ce soit pour les cartes, le pendule, l'astrologie ou tout autre outil, je vous donnerai des conseils pratiques pour les aborder, les apprivoiser, et les transformer en alliés puissants dans votre parcours spirituel. Ces tips ne sont pas issus de manuels théoriques, mais de mon propre vécu, de mes expériences et de mes erreurs aussi. Ils vous aideront à trouver votre voie, à faire de chaque outil un prolongement de votre intuition et un reflet de votre énergie personnelle. Mon but est que vous puissiez, vous aussi, développer cette relation unique et profonde avec ces compagnons de route, et ainsi, faire de chaque pratique un moment riche de sens et de connexion.

LA CARTOMANCIE

L'outil de prédilection dans le domaine de la spiritualité, c'est sans conteste les cartes. Qu'il s'agisse du Tarot, des Oracles, ou des Cartes Messages, elles sont bien plus que de simples supports de prédiction. Elles sont un véritable miroir de l'âme, offrant une prise de recul sur soi grâce à la richesse de leurs symboliques. Au-delà de la prédiction, elles ouvrent des portes vers des messages profonds, parfois venus d'un autre temps, parfois de l'au-delà, et toujours ancrés dans le moment présent.

Dans cet univers vaste et fascinant, il existe trois grandes catégories de cartes : le Tarot, l'Oracle, et les Cartes Messages. Chacune a ses particularités, ses vibrations uniques, et répond à des besoins différents.

- Le Tarot -

Le Tarot est sans doute le jeu de cartes divinatoires le plus célèbre et le plus ancien. Parmi les plus connus figure le célèbre Tarot de Marseille, créé en France au XVIIe siècle, et qui a depuis évolué sous diverses formes. Traditionnellement, le Tarot se compose de 78 cartes, divisées en Arcanes Majeurs et Mineurs.

Le principe fondamental du Tarot repose sur la symbolique des archétypes. Des archétypes, comme le Magicien, la Grande Prêtresse, ou encore la Mort que l'on retrouve dans le Tarot de Marseille et le Tarot de Rider-Waite sous sa forme anglaise. Mais il existe aussi des versions plus spécialisées, comme le Tarot des Anges, qui intègre des archanges tels que l'Archange Michael, ou le Tarot des Sorcières, qui explore les éléments mystiques de l'univers de la sorcière comme le chaudron ou encore le grimoire.

Pour bien interpréter le tarot, il est essentiel de comprendre ce concept des archétypes. Ils agissent comme des miroirs de notre âme, reflétant des aspects de nous-mêmes que nous reconnaissons instinctivement. Ils font partie de notre imaginaire collectif, et même sans en avoir pleinement conscience, nous les rencontrons dans nos rêves, nos histoires et nos vies quotidiennes.

Quand on tire une carte de Tarot, elle fait ressortir l'archétype qui correspond à notre situation actuelle ou à une leçon que nous devons apprendre. Par exemple, tirer la carte de la Sorcière pourrait nous pousser à explorer notre pouvoir intérieur et notre connexion avec l'invisible. Cette carte réveille en nous l'archétype de la femme mystique, celle qui connaît les secrets cachés du monde et qui est en harmonie avec les énergies de la nature.

De même, tirer la carte du Guerrier pourrait nous encourager à nous battre pour ce qui est juste dans notre vie, à puiser dans notre force et notre détermination pour surmonter les obstacles. Ce personnage incarne le courage et la persévérance, des qualités que nous sommes peut-être appelés à manifester en ce moment.

- L'Oracle -

L'Oracle est plus libre que le Tarot, qui suit une structure fixe. Il est beaucoup plus flexible dans sa composition et ses significations. Chaque jeu d'Oracle est unique, reflétant l'intention et l'inspiration de son créateur. Il peut comporter autant de cartes que souhaité, et ses thèmes varient à l'infini, allant de la nature aux anges, en passant par les cycles de la lune ou les animaux totems. L'Oracle est idéal pour ceux qui cherchent une guidance plus directe et intuitive. Il parle au cœur, avec des messages souvent simples mais d'une grande profondeur.

L'interprétation des cartes d'un Oracle est plus intuitive, les cartes sont souvent illustrées de manière à évoquer des émotions, des réflexions ou des sensations qui vont au-delà des significations préétablies. Cela permet de recevoir des messages qui résonnent personnellement et profondément. L'oracle aborde de nombreuses thématiques diverses et variées. Par exemple, un Oracle sur les saisons peut nous aider à obtenir une temporalité lors d'un tirage, en nous fournissant des indications sur le moment propice pour certaines actions ou réflexions. De même, un Oracle dédié aux blessures émotionnelles peut offrir des informations précieuses pour identifier et comprendre des blocages intérieurs. Il peut nous guider vers les aspects de notre passé ou de notre psyché qui nécessitent une attention particulière, permettant ainsi un travail sur soi plus ciblé et conscient. Cette flexibilité permet à l'Oracle de s'adapter facilement aux questions posées et aux situations rencontrées, offrant ainsi une guidance plus personnalisée et adaptée à chacun.

Si vous débutez ou si vous cherchez un outil qui vous laisse une grande liberté et qui s'appuie sur l'inspiration visuelle, l'Oracle pourrait être idéal pour vous.

Il n'y a pas vraiment de « meilleures » cartes entre le Tarot et l'Oracle, car chacun a ses propres atouts en fonction de ce que vous recherchez. Le Tarot est plus précis, offrant un cadre d'interprétation qui facilite la transmission du message. Il vous guide à travers une série d'archétypes et de symboles qui construisent une histoire cohérente.

En revanche, l'Oracle, avec sa structure créative et flexible, offre davantage de liberté dans les ressentis et l'interprétation. Cette flexibilité permet une connexion plus intuitive avec les cartes, mais elle peut aussi rendre l'interprétation plus complexe si vous n'êtes pas bien connecté à vos émotions. L'Oracle est parfait pour ceux qui souhaitent explorer leur intuition et leur inspiration personnelle, tout en s'adaptant à des besoins plus spécifiques.

- Les Cartes Messages -

Les cartes de ce type appartiennent à la famille des oracles et se distinguent par leur approche particulière. Elles sont souvent présentées avec des visuels riches en écrits, affirmations ou messages motivants. Contrairement aux jeux de Tarot et d'Oracle que je vous ai présentés, qui sont souvent utilisés pour des tirages plus complexes et détaillés, ces cartes sont conçues pour être utilisées de manière plus simple et quotidienne.

Leur objectif principal n'est pas d'offrir des analyses approfondies ou des réponses à des questions complexes, mais plutôt de servir de source d'inspiration ou de rappel bienveillant. Elles sont idéales pour être tirées chaque jour afin de recevoir un petit coup de pouce positif ou un encouragement.

Ces cartes sont particulièrement adaptées pour ceux qui cherchent un soutien léger et réconfortant dans leur routine quotidienne ou qui veulent un outil à implémenter dans leurs pratiques. Par exemple, en les utilisant à la fin d'une séance de yoga pour offrir une note finale inspirante et apaisante ; ou pour servir de mantra ou d'affirmation pour accompagner une séance de méditation, afin d'apporter une touche de sérénité et une source de réflexion dans sa séance.

En somme, leur rôle est de soutenir et d'encourager, mais elles ne remplacent pas l'Oracle ou le Tarot qui permet une analyse plus approfondie et une connexion à ses capacités intuitives.

LA CARTOMANCIE EN PRATIQUE

Réussir ses tirages en créant un lien avec son jeu

Un objet n'a d'importance que pour celui qui lui en donne. Le créateur d'un jeu de cartes ou de tout autre outil spirituel a une mission très particulière : transmettre l'énergie qu'il a insufflée dans ses créations à ses utilisateurs. Pour illustrer ce concept, imaginez que je vous parle d'un bracelet que je porte à mon poignet gauche. À première vue, c'est une simple ficelle marron avec une petite pierre semi-précieuse taillée en forme de fleur. Si je vous le donnais en vous demandant de le garder pendant quelque temps, vous n'y prêteriez probablement pas beaucoup d'attention. Vous pourriez même l'égarer sans que cela ne soit très grave selon vous. Après tout, ce n'est qu'un bracelet.

Mais maintenant, imaginez que je vous raconte que ce bracelet m'a été offert par mon neveu de 10 ans. Qu'il l'a choisi avec soin sur un stand d'artisanat local, pensant à moi lorsqu'il a vu la pierre qui aide à se connecter à l'énergie féminine. Il voulait me soutenir dans ma période d'essai pour concevoir la vie. Il l'a alors acheté et emballé avec un nœud sur lequel il était écrit « marraine en or ». Depuis, je le porte sur mon poignet gauche, près de mon cœur, et je ne l'enlève jamais. Avec cette histoire, le bracelet n'est plus un simple objet ; il devient le symbole précieux de l'amour et du lien familial. C'est exactement ce que doit vous procurer un jeu de cartes : de l'émotion. Il doit vous inspirer, vous impressionner, ou encore vous émouvoir. Pour qu'il devienne un véritable outil de création émotionnelle, capable de vous aider à mettre des mots sur vos sentiments, il doit d'abord vous en procurer. Sinon, il ne se passera rien, et ces cartes resteront de simples illustrations joliment dessinées sur des morceaux de carton.

L'émotion investie dans un jeu de cartes est ce qui lui donne sa véritable valeur. C'est l'émotion qui crée la connexion, qui active et exploite nos capacités extrasensorielles. Pour cette raison, il est essentiel de choisir un jeu qui nous touche profondément, un jeu qui nous parle vraiment. Chaque jeu est conçu avec une intention particulière, une énergie spécifique. Vous devez résonner avec cette énergie, sentir qu'elle vous appelle, qu'elle vous parle. Ce n'est pas seulement une question d'esthétique ou de popularité. Choisir un jeu simplement parce qu'il est beau ou parce qu'une personne connue l'a créé ne suffira pas pour établir une véritable connexion et réussir vos tirages. Il faut que ce jeu résonne avec votre histoire, avec votre âme. Le lien affectif que vous établirez avec votre jeu est la clé pour que votre intuition puisse s'y ancrer, que vos capacités s'activent et que vous receviez des messages profonds.

Pour créer ce lien, je vous conseille d'apprendre à connaître votre jeu en explorant son origine et les intentions qui ont guidé sa création. En général, chaque jeu est accompagné d'un livret où le créateur ou la créatrice raconte l'histoire du jeu, partageant ainsi l'énergie et les intentions qui ont inspiré sa conception. En lisant ces mots, vous vous familiarisez avec l'essence du jeu, ce qui vous permettra non seulement de mieux comprendre l'énergie des cartes, mais aussi de laisser votre intuition s'exprimer, sans avoir besoin d'apprendre par cœur chaque carte et ses interprétations.

Choisir son jeu de cartes et lui attribuer une utilisation précise

Pour optimiser ses tirages de cartes et renforcer sa connexion avec son jeu, un conseil essentiel que je peux vous donner est aussi de dédier chaque jeu à une utilisation spécifique. Comme je l'ai mentionné plus haut, chaque jeu évoque en nous des émotions uniques et possède une histoire qui nous inspire d'une manière différente. Cette histoire, en réalité, est la clé pour comprendre comment utiliser chaque jeu de manière optimale. Elle offre des indications précieuses sur le type d'énergie qu'il véhicule et, par conséquent, sur les domaines dans lesquels il sera le plus efficace.

En effet, chaque jeu de cartes est imprégné d'une intention particulière qui se reflète dans son esthétique, ses symboles, et l'énergie qu'il dégage. Par exemple, un jeu aux cartes sombres, avec des illustrations empreintes de mystère et de profondeur, pourrait être idéal pour des tirages destinés à explorer des questions complexes et profondes, telles que le travail sur ses parts d'ombres, la connexion avec les défunts, les vies antérieures, ou les défis karmiques. Ce type de jeu, par son atmosphère et son énergie, nous invite à plonger dans les aspects les plus cachés de la psyché, à explorer les recoins de notre âme et à se connecter à des énergies de l'au-delà.

À l'opposé, un jeu aux énergies douces, lumineuses et harmonieuses, avec des illustrations apaisantes et inspirantes, sera par exemple plus adapté à des tirages centrés sur l'amour, les relations humaines, ou la croissance personnelle. Ce type de jeu nous soutiendra dans des moments où nous cherchons à attirer la lumière dans nos vies, à développer des relations positives, à nous concentrer sur des projets futurs, ou à travailler sur son développement personnel et spirituel dans un cadre bienveillant et nourrissant.

Définir l'utilisation spécifique de chaque jeu permet de s'aligner sur l'énergie qu'il porte, et d'accéder à des messages plus clairs et plus précis. En choisissant soigneusement le jeu en fonction du domaine sur lequel on souhaite travailler, nous créons une synergie entre l'intention du tirage et l'énergie de l'outil. Cette synergie renforce la connexion avec notre jeu, mais aussi avec nos capacités, permettant une lecture plus fluide et plus profonde.

De plus, en dédiant un jeu à un domaine spécifique, nous nous imprégnons de l'énergie de ce domaine au fil du temps. À chaque tirage, cette énergie devient donc plus forte, plus concentrée, et le jeu sera un canal de plus en plus puissant pour les messages que nous cherchons à recevoir. Par exemple, si on utilisait toujours un même jeu pour des questions amoureuses, il se chargerait progressivement de cette énergie, devenant ainsi de plus en plus réceptif aux vibrations de l'amour, et offrant des réponses encore plus pertinentes et intuitives pour ce type de questionnement.

En fin de compte, le choix du jeu pour un tirage spécifique est une décision intuitive et stratégique qui peut grandement influencer la qualité et la profondeur des réponses que l'on reçoit. En prenant le temps de comprendre l'énergie de chaque jeu et en le dédiant à un domaine particulier, on optimise non seulement nos tirages, mais on crée également une relation plus intime et plus puissante avec chacun de ses outils divinatoires.

LE PENDULE

Tout comme les cartes, l'utilisation du pendule repose sur un principe similaire : il doit éveiller en nous des émotions pour être réellement efficace. Toutefois, son usage diffère de celui des cartes. Contrairement aux cartes qui offrent des interprétations variées, le pendule ne fournira lui, pas de conseils pour formuler des réponses détaillées. Au lieu de cela, il offrira des réponses directes aux questions qui lui seront posées, permettant ainsi de mieux comprendre nos ressentis. Le pendule agit comme un curseur, en nous indiquant la direction à suivre selon la nature de notre question. Que ce soit lors d'une séance avec quelqu'un ou pour un soin personnel, il nous aidera à canaliser nos ressentis vers le chemin qui leur est destiné.

La fonction principale du pendule est de répondre à des questions fermées, c'est-à-dire celles auxquelles seules les réponses « OUI » ou « NON » sont possibles. En utilisant le pendule, on peut obtenir des réponses claires et précises, facilitant ainsi la prise de décisions ou l'exploration de nos questionnements intérieurs.

Le pendule doit nous parler, nous inspirer, nous plaire, et résonner profondément en nous. Vous trouverez une grande variété de pendules, chacun avec ses propres caractéristiques. Certains sont ornés de pierres semi-précieuses, dont les vibrations, issues de la lithothérapie, confèrent un pouvoir énergétique supplémentaire en lien avec la pierre utilisée. D'autres pendules sont fabriqués à partir de bois, apportant des énergies liées à l'élément de la terre, ce qui pourrait mieux correspondre à vos affinités personnelles. Il est également possible de créer votre propre pendule en utilisant un collier ayant une signification particulière pour vous comme un bijou ayant appartenu à votre grand-mère ou qui vous a été offert lors d'une occasion spéciale, par exemple. Un simple bijou peut être transformé en pendule, à condition qu'il soit imprégné d'une énergie qui le rend unique à nos yeux.

La seule règle essentielle pour qu'un pendule soit véritablement efficace est qu'il doit posséder un pendentif ou un objet suffisamment lourd à son extrémité pour permettre l'effet de balancier nécessaire à son utilisation. Ce mouvement est crucial pour que le pendule puisse indiquer un « Oui » par un mouvement circulaire ou un « Non » par un mouvement de haut en bas.

Pour le reste, c'est à vous de décider, en fonction de votre intuition et de vos préférences personnelles.

Le pendule en pratique

On pense parfois que nous influençons le pendule avec notre pensée, le dirigeant vers une réponse plus qu'une autre. En vérité, c'est exactement ce qu'il se passe, nous n'influençons pas directement le pendule, mais il répond aux rayonnements d'énergies que nous émettons via nos corps vibratoires qui, je vous le rappelle, sont à l'origine de nos capacités extrasensorielles. Donc, d'une certaine manière, c'est nous qui communiquons avec le pendule. La part de nous-même qui « sait » déjà et qui est dépourvue de tous les filtres et tous les masques sociaux que nous portons, composés de peurs et de toutes sortes d'émotions qui nous empêchent en temps normal de connaître la réponse aux questions que l'on se pose ou de savoir de manière « innée » certaines choses. C'est d'ailleurs la raison pour laquelle nous utilisons des outils. Pour se rassurer et se mettre dans un état ouvert à l'écoute de nos capacités.

C'est exactement la même chose qui se passe lorsque nous utilisons le pendule pour quelqu'un d'autre. Nous savons au fond de nous la réponse à la question posée car nous « sentons » grâce à nos capacités ce qu'il en est.

Le pendule capte donc les ondes vibratoires émises par les corps énergétiques des êtres vivants ainsi que les résidus laissés dans les objets et dans les lieux. Ce qui permet de calculer le « taux vibratoire ». L'énergie se mesure de la même manière que nous pouvons mesurer des distances ou quantifier du poids. Le terme « taux vibratoire » est le taux de mesure de l'énergie, une pratique utilisée dans la radiesthésie. Une pratique qui consiste à utiliser un pendule ou une baguette pour détecter des énergies, des objets cachés. C'est **Alfred Bovis**, un radiesthésiste français qui a contribué à la diffusion de ce concept de taux vibratoire en associant des valeurs numériques aux vibrations énergétiques des objets, lieux et personnes, grâce à l'utilisation de pendules ou d'autres outils de radiesthésie.

Le taux vibratoire se calcule grâce à une échelle de valeurs appelée « l'échelle de bovis » en référence à son créateur Alfred Bovis. Le principe est simple, plus le taux sera bas, plus la « qualité » de l'énergie sera mauvaise et plus le taux sera élevé, plus la « qualité » de l'énergie sera bonne. L'indicateur de mesure indiquant une « bonne » ou une « mauvaise » énergie varie selon l'élément calculé, si cela est un être humain, un lieu, un objet ou un aliment. Par exemple, pour un être humain, le taux démarre à 0 unité bovis (représentant l'état de mort) allant jusqu'à plus de 100 000 millions d'unités bovis, représentant un très haut niveau de vibrations et souvent associé à des personnes possédant de grandes capacités énergétiques. De nombreux éléments impactent le taux vibratoire : la nourriture, l'hygiène de vie, les pensées que nous avons sur nous-même, les activités que l'on pratique, nos traumatismes, etc. Plus notre hygiène de vie sera de bonne qualité que ce soit dans l'esprit ou dans le corps, plus notre taux vibratoire sera élevé est donc notre énergie vitale sera préservée, ce qui garantit un état d'esprit apaisé ainsi que des relations saines et équilibrées.

Voici pour résumer ce qu'il est possible de réaliser grâce à un pendule :

- Le taux vibratoire d'un être vivant afin de connaître son état de santé énergétique et psychique
- Le taux vibratoire d'un aliment pour connaître son apport énergétique et quelle quantité d'énergie celui-ci nous apportera dans l'aspect subtil
- Le taux vibratoire d'un lieu pour étudier la qualité d'énergie qui y est présente et ainsi effectuer les nettoyages nécessaires sur les résidus d'énergie négative pouvant impacter les nouveaux habitants et le bien-être du lieu
- Obtenir des réponses issues de nos capacités extrasensorielles et ce, en posant des questions fermées
- Communiquer avec les énergies des défunts dont l'empreinte énergétique est encore présente

PRENDRE SOIN DE SES OUTILS PHYSIQUES

Prendre soin de ses outils est un acte qui va bien au-delà de la simple maintenance matérielle. C'est un engagement, une forme de respect pour ces objets qui jouent un rôle crucial dans notre vie, tout comme on le ferait pour un objet de grande valeur ou quelque chose qui a une signification particulière et qui est cher à notre cœur. Imaginez un bijou précieux, un héritage familial, ou un objet chargé de souvenirs. On ne le laisse pas traîner n'importe où, on ne le jette pas négligemment dans un tiroir pour l'oublier pendant des mois, au milieu de piles usagées et de câbles inutiles. Non, on le préserve, on le chérit, on veille à ce qu'il reste intact, à ce qu'il continue de refléter l'importance qu'il a pour nous.

De la même manière, les outils que nous utilisons pour explorer et exprimer nos capacités extrasensorielles méritent d'être traités avec le même soin, la même dévotion. Ces objets, qu'il s'agisse de cartes, de pendules, ou d'autres instruments, ne sont pas simplement des choses inanimées. Ils deviennent, au fil du temps, les réceptacles de nos énergies, les prolongements de notre corps et de notre esprit. Au fur et à mesure que nous les utilisons et que nous les imprégnons de notre vibration, ils deviennent de plus en plus connectés à nous.

Les énergies, comme vous le savez maintenant, ne sont pas limitées à notre être physique. Elles circulent, elles se déplacent et elles s'imprègnent dans tout ce qui nous entoure. Notre corps stocke des énergies, tout comme les objets qui partagent notre quotidien. Les éléments que nous utilisons pour notre pratique spirituelle sont ainsi infusés de cette énergie. Lorsque vous les manipulez avec soin, lorsque vous les respectez, vous créez un environnement où l'énergie peut circuler librement, sans entraves. Chaque fois que vous manipulez votre outil pour une séance, il se souvient des énergies que vous lui avez transmises auparavant. Ce lien se renforce à chaque utilisation, chaque interaction. Plus vous prêtez attention à votre outil, plus il devient capable de recevoir, de canaliser et de restituer ces énergies de manière efficace.

En négligeant ces objets, en les abandonnant à la poussière d'un tiroir ou à l'usure du temps, nous coupons ce lien vibratoire. L'énergie qui les imprègne peut devenir stagnante et perdre de sa vitalité et de sa clarté. Un outil oublié ou maltraité n'aura pas la même puissance qu'un outil respecté et entretenu. Pour maintenir cette connexion énergétique, vous pouvez par exemple nettoyer votre pendule et ranger soigneusement vos cartes après chaque utilisation en les protégeant dans des étuis spéciaux, ou même les recharger sous la lumière de la lune, que ce soit lors de la pleine lune pour renforcer leur énergie ou lors de la nouvelle lune pour les purifier. Utiliser de la sauge ou de l'encens pour les purifier est également une pratique bénéfique pour évacuer le surplus d'énergie stocké en eux, tout comme vous pouvez par exemple remettre chaque carte en ordre après un tirage, ce qui permet de restaurer l'harmonie et l'équilibre au sein du jeu.

Ainsi, le soin que vous apportez à ces instruments spirituels n'est pas seulement une question de propreté ou d'organisation. C'est une forme de rituel en soi, un engagement envers vous-même et envers le travail énergétique que vous accomplissez. Ces outils deviennent alors non seulement plus efficaces, mais aussi plus profondément connectés à votre essence, prêts à vous accompagner dans chaque étape de votre voyage énergétique.

En fin de compte, ce n'est pas seulement l'objet en lui-même qui a de l'importance, mais l'intention et l'énergie que vous y mettrez. Plus vous allez considérer ces objets comme sacrés, plus ils répondront à cette intention sacrée, devenant des alliés puissants dans votre cheminement spirituel.

L'ASTROLOGIE

L'astrologie se distingue des autres outils de divination par son approche astrale. Contrairement aux cartes, qui offrent des interprétations spécifiques, ou au pendule, qui répond à des questions fermées, l'astrologie propose un cadre plus vaste pour explorer les influences et dynamiques de la vie. Elle s'appuie sur l'analyse des positions des astres au moment de la naissance pour fournir des informations sur les aspects de la personnalité, les tendances de vie, et les énergies en jeu. En utilisant notre date, heure et lieu de naissance, l'astrologie génère un thème astral, également appelé « carte du ciel », qui est une représentation graphique de la position des planètes au moment de notre naissance.

Les Fondements de l'Astrologie

◎ **1. Les Signes du Zodiaque :** les douze signes du zodiaque qui sont les piliers de l'astrologie. Ils sont obtenus grâce aux informations du jour de notre naissance. Il existe trois types de signe différents :

a. Le signe solaire. Il représente votre personnalité profonde, votre ego et votre essence. Le signe solaire est celui que l'on connaît généralement quand on parle de son signe astrologique. Il est déterminé par la position du Soleil au moment de votre naissance.

- **Comment l'obtenir :** Il correspond au signe zodiacal où le Soleil se trouvait le jour de votre naissance.

b. Le signe lunaire. Il représente vos émotions, votre monde intérieur et la manière dont vous réagissez instinctivement. Il révèle votre nature émotionnelle et votre subconscient.

- **Comment l'obtenir :** Il est calculé en fonction de la position de la Lune au moment de votre naissance.

c. L'ascendant. Il représente l'image que vous projetez vers l'extérieur et la première impression que vous donnez aux autres. Il influence aussi la manière dont vous abordez la vie et les événements.

- **Comment l'obtenir :** Il est déterminé par le signe du zodiaque qui se levait à l'horizon et au moment précis de votre naissance *(heure et lieu exacts).*

Ensuite, chacun des 12 signes va représenter des énergies spécifiques qui vont influencer notre manière d'être et d'agir en fonction du placement dans lequel ils se trouvent dans notre thème.

Le signe	Son énergie
Bélier	Dynamisme et impulsivité
Taureau	Persévérance et sensualité
Gémeaux	Communication et adaptabilité
Cancer	Sensibilité et protection
Lion	Confiance en soi et leadership
Vierge	Organisation et rigueur
Balance	Harmonie et diplomatie
Scorpion	Intuition et transformation
Sagittaire	Exploration et philosophie
Capricorne	Discipline et ambition
Verseau	Originalité et humanisme
Poissons	Compassion et imagination

◉ **2. Les Planètes :** en astrologie, nous avons aussi les planètes qui jouent un rôle important dans l'analyse des thèmes. Elles symbolisent, elles, les différentes forces et archétypes qui influencent notre vie. Par exemple :

Le Soleil	La Lune	Mercure	Vénus
Représente notre identité essentielle et notre ego.	Évoque notre monde émotionnel et notre subconscient.	Lié à la communication et à l'intellect.	Associée à l'amour et aux relations.

Mars	Jupiter	Saturne	Uranus, Neptune et Pluton
Incarne notre action et notre désir.	Symbole d'expansion et de croissance.	Représente les leçons, la discipline, et les limites.	Symbolisent les forces de transformation, d'inspiration spirituelle, et de transformation profonde.

◉ **3. Les Maisons Astrologiques :** nous avons aussi douze maisons en astrologie, chacune représentant un domaine spécifique de la vie, tel que la carrière, les relations, ou la famille. Elles sont présentes dans les calculs approfondis des thèmes astraux que l'on détaillera juste après. La position des planètes dans ces maisons indique les domaines de notre vie les plus influencés par les énergies planétaires.

Maison	Signification	Domaines de la Vie
1re Maison	L'Ascendant, l'identité et l'apparence extérieure	Personnalité, apparence physique, première impression
2e Maison	Les possessions et les valeurs personnelles	Finances, possessions matérielles, valeurs, sécurité
3e Maison	La communication et l'apprentissage	Communication, apprentissage, relations avec les frères et sœurs, déplacements courts

4e Maison	La maison, la famille et les racines	Maison, famille, origine, vie domestique
5e Maison	La créativité, le plaisir et les enfants	Créativité, loisirs, romance, enfants
6e Maison	La santé et le travail quotidien	Santé, travail, routine quotidienne, service
7e Maison	Les relations et les partenariats	Mariage, partenariats, relations importantes
8e Maison	La transformation et les ressources partagées	Transformations profondes, finances partagées, héritage
9e Maison	La philosophie et les voyages longs	Philosophie, religion, voyages à l'étranger, études supérieures
10e Maison	La carrière et l'image publique	Carrière, statut social, ambitions, réputation
11e Maison	Les amitiés et les aspirations collectives	Amitiés, groupes, aspirations, projets à long terme
12e Maison	L'inconscient et les limitations cachées	Subconscient, isolement, spiritualité, auto-sabotage

L'astrologie en pratique :

L'astrologie offre ainsi une carte très détaillée pour explorer tous les aspects de la vie, de la personnalité individuelle aux relations, en passant par les cycles de vie et les défis personnels. Elle permet de réaliser des « thèmes » qui sont des sortes de cartes du ciel au moment de la naissance, représentant les positions des planètes dans les signes du zodiaque et les maisons astrologiques. Ils permettent de mettre en lumière, selon l'objectif visé, les influences astrales qui façonnent notre parcours de vie. Grâce à cette étude astrale, on peut réaliser plusieurs thèmes en ciblant plusieurs sujets de la vie.

- **Thème Astral :** connu sous le nom de carte du ciel ou carte natale, il est une représentation des positions des planètes au moment précis de notre naissance. Il offre une vue complète de nos tendances naturelles, de nos comportements, et des influences qui façonnent notre vie. Pour nous aider à mieux nous comprendre et travailler sur nous en profondeur.

- **Thème Composite :** le thème composite est une méthode en astrologie utilisée pour examiner la dynamique relationnelle entre deux individus en combinant leurs thèmes astraux respectifs. Contrairement au thème astral individuel, qui se concentre sur la personnalité et les influences de chaque personne, le thème composite s'intéresse à la relation en elle-même en tant qu'entité unique tout en mettant en relation les données astrales des deux partenaires. Cela permet de mieux comprendre la relation dans son ensemble, en révélant les forces, les défis, et la nature globale de leur connexion.
- **Synastrie :** la synastrie est une méthode en astrologie qui compare les thèmes astraux de deux personnes pour voir comment leurs énergies interagissent. Tandis que le thème composite crée une carte unique de la relation elle-même, la synastrie se concentre sur la manière dont les thèmes astraux des deux individus se superposent et influencent chacun. En d'autres termes, elle aide à comprendre comment les caractéristiques et les dynamiques des deux personnes se rencontrent et se complètent dans leur relation.

L'astrologie, comme vous avez pu le remarquer, est un outil puissant. Lorsqu'il est utilisé avec une compréhension approfondie et une connexion personnelle sincère, il peut offrir des perspectives précieuses et aider à naviguer à travers toutes les dynamiques de la vie.

LA NUMÉROLOGIE

La numérologie est un outil qui lui aussi cherche à dévoiler des aspects profonds de notre existence. Mais contrairement à l'astrologie, qui s'appuie sur les positions et les mouvements des astres, la numérologie se concentre elle, sur les énergies et les significations des chiffres qui entourent notre vie quotidienne. Cette pratique ancienne remonte aux civilisations babyloniennes et égyptiennes, vers 400 av. J.-C., où les nombres étaient considérés comme porteurs d'une énergie particulière et d'une signification mystique.

La numérologie repose sur l'idée que chaque nombre possède une vibration et une énergie spécifique qui influencent notre vie. Chaque nombre est donc associé à des énergies, des caractéristiques et des vibrations uniques. Cette association est importante pour comprendre comment les nombres influencent notre vie et notre personnalité. Il est aussi possible d'obtenir des correspondances avec les lettres de l'alphabet, les archétypes du tarot, et les signes astrologiques pour enrichir et approfondir cette compréhension en établissant des liens entre différentes formes de symbolisme et de connaissance.

Voici un tableau avec un aperçu des énergies de chaque chiffre et leurs correspondances.

Nombre	Énergie et Signification	Correspondance avec les Lettres	Archétype du Tarot	Signes Astrologiques
1	Leadership, indépendance, initiative, unicité.	A, J, S	Le Magicien	Bélier, Lion
2	Diplomatie, coopération, sensibilité, partenariat.	B, K, T	La Papesse	Taureau, Balance

3	Créativité, expression, joie de vivre, sociabilité.	C, L, U	L'Empereur	Gémeaux, Sagittaire
4	Stabilité, organisation, travail, pragmatisme.	D, M, V	L'Empereur	Vierge, Capricorne
5	Liberté, aventure, changement, curiosité.	E, N, W	Le Pape	Gémeaux, Verseau
6	Harmonie, responsabilité, soin, famille.	F, O, X	Les Amoureux	Vierge, Balance
7	Réflexion, spiritualité, analyse, introspection.	G, P, Y	Le Chariot	Cancer, Scorpion
8	Pouvoir, ambition, réussite, matérialisme.	H, Q, Z	La Justice	Capricorne, Scorpion
9	Compassion, humanisme, idéal, concrétisation.	I, R	L'Hermite	Sagittaire, Poissons

Il y a aussi ce qu'on appelle en numérologie les « Maître Nombres ». Ce sont des nombres spéciaux qui portent une vibration plus importante et une signification plus profonde que les autres nombres. Ils sont souvent associés à des niveaux spirituels, psychologiques et matériels plus élevés et portent des énergies considérées comme particulièrement puissantes.

11	Intuition, illumination, inspiration spirituelle.	-	La Force	-
22	Maîtrise, construction, grand plan, réalisation.	-	Le Monde	-
33	Altruisme, guérison, enseignement, idéal spirituel élevé.	-	L'Étoile	-

Les calculs :

Pour utiliser la numérologie, il suffit de faire des additions simples pour déterminer un chiffre dominant, qui représentera les énergies associées à ce que vous souhaitez analyser. Il faut toujours garder en tête qu'en numérologie, le chiffre 0 n'est pas pris en compte, et tous les autres chiffres doivent être additionnés entre eux jusqu'à obtenir un seul nombre. La méthode la plus simple pour y arriver est d'additionner chaque chiffre ; par exemple on ne fera pas : 45 + 27 mais : 4 + 5 + 2 + 7. Ensuite, la deuxième chose à savoir c'est qu'il est nécessaire d'obtenir un nombre numérologique, c'est à dire entre 1 et 9, ou un maître nombre : 11, 22, 33. Pour cela, il sera nécessaire de continuer d'additionner les nombres si l'un des résultats donne deux chiffres au lieu d'un. Dans l'exemple, le résultat de 4 + 5 + 2 + 7 donne 18 mais il n'y a pas de nombre numérologique de cette somme. Il faut donc continuer d'additionner le résultat pour obtenir un nombre numérologique. Cela donnera 1 + 8 = 9. Le résultat sera donc 9.

Prenons un exemple : si vous voulez calculer votre empreinte vibratoire de naissance, un peu comme on déterminerait un signe astrologique, mais en utilisant la numérologie, vous devez additionner les chiffres de votre date de naissance. Voici comment procéder :

Date de naissance : 21.01.1997

Additionnez les chiffres : 2 + 1 (jour) + 1 (mois) + 1 + 9 + 9 + 7 (année)

Ce qui donne : 3 + 1 + 26

Ensuite, continuez à additionner les chiffres de 26 pour les réduire :

2 + 6 = 8

Cela donnera donc : 3 + 1 + 8 dont le résultat sera 8

Le chiffre dominant pour cette date est donc 8.

C'est exactement la même méthode pour tous les calculs de numérologie. Que ce soit avec les chiffres ou même les lettres. Maintenant, voyons comment exploiter la numérologie pour l'intégrer dans notre travail personnel.

La Numérologie en Pratique

La numérologie s'intègre dans plusieurs aspects de la vie grâce à des calculs spécifiques qui révèlent des nombres porteurs d'énergies précieuses. Ces nombres offrent des informations pour mieux se connaître et comprendre son chemin de vie. Cela permet ainsi de mieux naviguer et d'avancer avec plus de clarté. Voici quelques-uns des sujets de la vie que la numérologie permet d'analyser en profondeur :

- **Le thème Natal Numérologique :** Le thème natal est une carte énergétique basée sur la date de naissance et le nom complet. Il met en lumière les énergies qui influencent notre vie dès la naissance, révélant nos talents innés, nos forces, nos faiblesses, et les leçons que nous sommes venus apprendre dans cette vie.
- **Le Chemin de Vie :** Ce calcul est l'un des plus importants en numérologie. Dérivé de la date de naissance, il trace les grandes lignes de notre destinée, indiquant les directions générales que nous sommes appelés à suivre et les leçons de vie que nous devons explorer. Le chemin de vie révèle notre essence profonde et les expériences que nous sommes destinés à vivre. Il est obtenu en réduisant les chiffres de la date de naissance à un nombre compris entre 1 et 9, ou un nombre maître (11, 22, 33).
- **L'année personnelle :** Ce calcul se base sur le jour et le mois de naissance ainsi que l'année en cours. Il permet de connaître les énergies et les défis personnels de l'année que nous allons traverser.

- **Le chiffre de l'expression :** Calculé à partir du nom et des prénoms, ce nombre met en lumière les aptitudes innées que nous possédons et les objectifs que nous sommes destinés à réaliser au cours de notre vie. Il représente l'expression de notre être intérieur, nos talents naturels, et les défis que nous devons surmonter pour accomplir notre mission de vie.
- **Le chiffre du moi intime :** Calculé à partir des consonnes du nom et des prénoms, ce nombre révèle un désir caché. Ce que notre âme rêve secrètement de réaliser pour s'accomplir.
- **L'Héritage du Nom de Famille :** Cette analyse révèle comment les énergies et les dynamiques familiales affectent notre vie actuelle en donnant un aperçu des schémas hérités et quelles leçons nous sommes venu apprendre à travers notre nom de famille. Chaque lettre du nom est convertie en chiffre, puis les chiffres sont additionnés pour obtenir ce nombre.

Pour que la numérologie soit réellement utile, il est crucial de comprendre comment les nombres résonnent entre eux. Les calculs numérologiques peuvent être utilisés pour analyser des aspects spécifiques de la vie, tels que les relations, les choix de carrière, et les périodes importantes.

★ ★ ★

LE HUMAN DESIGN

Le Human Design est le dernier outil que je vais vous présenter. Il mélange l'astrologie, la Kabbale, le Yi King, et le système des Chakras pour dévoiler une carte énergétique unique, appelée la « Bodygraph ». Elle nous permet de comprendre comment notre énergie répond à celle qui nous entoure dans nos relations, notre travail et dans nos passions. C'est un peu comme avoir un GPS pour naviguer à travers sa vie, qui nous permet de comprendre comment nos énergies fonctionnent et comment on peut vivre en accord avec nous-même, sans forcer. Cet outil se base sur quatre éléments qui s'obtiennent grâce aux informations de naissance. Les voici :

◎ **1. Les Types Énergétiques :** ce sont les différents profils d'énergie qui existent, un peu comme des personnalités énergétiques. Ils possèdent chacun une manière différente d'entrer en contact avec les énergies qui se trouvent autour d'eux, que l'on appelle « la stratégie énergétique ». Il y en a quatre types dans le Human Design, chacun avec sa propre manière de fonctionner :

- Les Générateurs *(et les Manifesting Generators)*, représentent environ 70 % de la population. Ce sont les bâtisseurs et les créateurs qui disposent d'une énergie vitale abondante. Leur stratégie consiste à répondre aux opportunités plutôt qu'à les initier.
- Les Projecteurs, sont les conseillers, et constituent environ 20 % de la population. Ce sont des guides et des conseillers naturels, capables de voir les autres avec une grande clarté. Leur stratégie est d'attendre d'être invités à partager leurs conseils ou leurs idées.

- Les Manifesteurs, qui représentent environ 9 % de la population, sont considérés comme des créateurs. Ils sont initiateurs et font bouger les choses. Leur énergie est destinée à démarrer des projets, et leur stratégie est d'informer les autres avant d'agir pour éviter les résistances.
- Les Réflecteurs sont les plus rares, constituant environ 1 % de la population. Ils agissent comme des miroirs pour la société et leur entourage, reflétant l'état réel des choses. Leur stratégie est d'attendre un cycle lunaire complet *(28 jours)* avant de prendre des décisions majeures.

◎ **2. L'Autorité Intérieure :** l'autorité intérieure en Human Design désigne le mécanisme décisionnel qui est le plus fiable pour nous. Un peu comme une intuition que l'on ressent en nous et qui nous indique si ce choix est le bon ou non. Le Human Design en identifie plusieurs types, tels que l'autorité sacrale *(une réponse viscérale de « oui » ou « non »)*, l'autorité émotionnelle *(prendre des décisions après avoir traversé un cycle émotionnel complet)*, ou l'autorité de l'ego *(suivre ce que vous désirez profondément)*.

◎ **3. Les Centres d'Énergie :** ces centres, un peu comme des chakras, nous montrent où nos forces se trouvent et où nous pouvons absorber les énergies des autres. Les neuf centres d'énergie dans le Human Design sont analogues aux chakras. Chacun de ces centres peut être défini ou non *(activé ou non en nous)*, influençant la manière dont nous gérons différentes énergies :

- **Le Centre de la Couronne (*Head Center*) :** Représente l'inspiration et la pression mentale.
- **Le Centre Ajna :** Lié au traitement mental et à la certitude.

- **Le Centre de la Gorge :** Lieu de la communication et de la manifestation.
- **Le Centre du Cœur (*G Center*) :** Associé à l'amour, à la direction et à l'identité.
- **Le Centre de l'Ego (*Heart Center*) :** Gouverne la volonté et l'ego.
- **Le Centre du Plexus Solaire :** Source des émotions et des humeurs.
- **Le Centre Sacral :** Siège de l'énergie vitale et de la force de vie.
- **Le Centre de la Rate :** Connecté à l'instinct et à la survie.
- **Le Centre de la Racine :** Source de pression pour l'action et la survie.

Le Human Design en Pratique

Le Human Design n'est pas seulement un outil théorique ; il est destiné à être utilisé de manière pratique dans la vie quotidienne. En comprenant notre type énergétique, notre autorité intérieure, et les autres aspects de notre *Bodygraph*, il nous est possible de :

- **Prendre des décisions en alignement avec notre véritable nature :** En suivant notre autorité intérieure, nous pouvons éviter les regrets et les erreurs, et prendre des décisions qui sont en harmonie avec notre être.
- **Améliorer nos relations :** Le Human Design peut nous aider à comprendre comment nous interagissons avec les autres et comment nos énergies se complètent ou contrastent avec celles des personnes de notre entourage.
- **Vivre avec moins de résistance :** En vivant en accord avec notre design, nous pouvons minimiser les frustrations et les résistances dans notre vie, en embrassant nos forces naturelles et en acceptant nos défis.

En résumé, le Human Design, c'est un guide pratique qui aide à vivre en accord avec qui nous sommes vraiment. En l'intégrant dans notre quotidien, on peut prendre des décisions plus éclairées, améliorer ses relations et surtout, vivre avec plus de légèreté et moins de résistance. C'est une invitation à explorer notre véritable nature, à notre rythme, et avec un peu plus de joie dans le cœur.

Pour enrichir votre pratique, vous pouvez combiner plusieurs outils entre eux. Par exemple, l'astrologie peut révéler les tendances générales et les influences à long terme, tandis que la numérologie peut offrir des éléments sur les aspects plus personnels et spécifiques liés à votre nom ou à votre date de naissance. Les cartes, quant à elles, ajoutent une dimension visuelle et symbolique qui peut compléter ces perspectives. Elles offrent des interprétations concrètes et immédiates qui clarifient comment les influences astrologiques et numérologiques se manifestent dans des situations spécifiques. En utilisant le pendule, vous obtenez des réponses directes qui peuvent affiner et préciser les informations obtenues par l'astrologie, la numérologie et les cartes. Le pendule vous permet de poser des questions spécifiques et de recevoir des indications claires sur des décisions ou des actions à entreprendre.

Ainsi, en combinant ces outils, vous bénéficiez d'une approche plus nuancée et complète dans votre quête de connaissances et de guidance. Les différentes perspectives et niveaux d'analyse se rejoignent pour vous offrir une vue plus riche et détaillée de la vie et des influences qui la façonnent.

Avant de résumer cette partie, j'aimerais vous parler d'un outil qui n'en est pas vraiment un mais qui permet d'interpréter ses canalisations.

LES RÊVES PRÉMONITOIRES

Tout au long de la journée, sans même le savoir, nous entrons en contact avec des énergies. Nos collègues de travail, les personnes dans le métro, les objets que nous touchons, les lieux dans lesquels nous entrons sont tous porteurs de leur propre empreinte vibratoire ainsi que de celles qui ont été laissées par d'autres personnes. C'est pourquoi nous passons la journée en contact avec toutes ces informations qui, même sans le vouloir, sont canalisées par nos capacités. Surtout au début lorsque nous commençons à en prendre conscience et à les exploiter car, comme toute nouvelle compétence en cours d'acquisition, nous sommes à 100 % dedans jusqu'à parvenir à l'équilibrer au fur et à mesure.

Toutes ces informations énergétiques canalisées finissent bien par sortir à un moment ou un autre. Parfois ce seront par des ressentis qui proviendront du plus profond de nous-mêmes, en ayant l'intime conviction qu'il est arrivé quelque chose à notre amie ou que notre collègue de travail rencontre un problème particulier dans sa vie personnelle. Des choses que l'on associe souvent à de l'« intuition » ou à du « hasard » lorsqu'elles n'ont aucune autre explication. Vous l'aurez compris, cela provient en réalité de nos capacités. Mais parfois, certaines informations ne vont pas se manifester *via* nos sens et utilisent un chemin plus abstrait et silencieux : les rêves.

Tous les rêves ne sont pas prémonitoires (heureusement ou non). Il faut différencier les rêves dits prémonitoires des rêves de décharges. Puis, il faut parvenir à exploiter les informations de ces rêves prémonitoires, afin de les interpréter et d'en comprendre les messages. Il s'agit là de l'étape la plus difficile qui demande, comme tous les outils, de la pratique. Mais comme nous sommes ici pour apprendre, je vais vous partager mes astuces et tout ce que j'ai réussi à retirer de ces rêves prémonitoires qui sont un beau moyen d'interpréter nos canalisations.

Les rêves prémonitoires en pratique

Parfois, nous faisons des rêves complètement farfelus, où des éléphants sortent d'ascenseurs et la tour Eiffel se transforme en monstre géant. Ces rêves très abstraits et dénués de logique, ce sont des rêves de décharge. Comme leur nom l'indique : ils servent à nous libérer des émotions et des frustrations accumulées durant la journée.

- Les rêves de décharge manquent de cohérence dans la suite des événements et peuvent nous plonger dans des situations très incongrues et gênantes, éloignées de la réalité. Ils n'ont ni sens ni de lien avec notre vie quotidienne. Ils peuvent durer longtemps et être entrecoupés d'autres rêves similaires ou même de rêves prémonitoires.
- Les rêves prémonitoires, en revanche, sont directement liés à la réalité. Ils respectent notre sens moral et sont dépourvus d'éléments absurdes. Ils semblent souvent très brefs, parfois réduits à une seule image ou un moment précis. Par exemple, vous pourriez voir un bébé pleurer dans une maternité, sans autre détail ni contexte. Ces rêves sont plus tangibles et concrets, et peuvent durer seulement quelques secondes. Ils peuvent aussi susciter une large gamme d'émotions, de la peur à la tristesse, contrairement aux rêves de décharge qui se concentrent généralement sur une émotion intense, comme la peur.

Petite astuce : tenir un carnet de rêves peut permettre de s'entraîner sur le long terme en comparant nos rêves aux évènements qui se déroulent dans la vraie vie. Voici un tableau récapitulatif pour mieux appréhender tous les outils que nous venons de voir :

Outil / Aspect	Description	Points clés	Conseils
Les cartes	Les cartes, telles que les tarots ou les oracles, sont des outils puissants pour la divination et la compréhension intérieure. Elles offrent des informations visuelles et symboliques en répondant à des questions spécifiques ou en explorant des aspects de la vie. Chaque carte porte une signification particulière qui, combinée avec d'autres cartes, crée un récit cohérent.	- **Tarot :** 78 cartes avec Arcanes Majeurs et Mineurs, basées sur la symbolique des archétypes. - **Oracle :** Flexible, cadre plus libre avec des thématiques variées. - **Cartes Messages :** Inspirantes et motivantes, utilisées en complément d'une pratique (yoga, méditation...).	1. Dédier chaque jeu à un domaine particulier pour une connexion plus intime et puissante. 2. Connaître l'histoire et l'intention de création du jeu pour se connecter à lui et faire appel à son intuition. 3. Exposer les cartes à la lumière de la lune pour les recharger ou utiliser des méthodes de purification comme le rangement dans l'ordre initial. 4. Choisir son jeu en fonction de l'énergie qu'il véhicule à défaut de son aspect visuel ou sa popularité. 5. Utiliser en complément avec d'autres outils.
Le Pendule	Le pendule est utilisé pour obtenir des réponses directes à des questions fermées. Il fonctionne sur le principe de l'énergie et de la réponse inconsciente, oscillant de manière à indiquer des réponses oui/non. Il est particulièrement utile pour des questions pratiques ou pour valider des intuitions.	- Le pendule fournit des réponses claires et immédiates. - La direction du mouvement (avant/arrière, gauche/droite) indique des réponses. - Une connexion personnelle et une concentration sont nécessaires pour des réponses précises.	1. Choisir un pendule selon sa vibration ou créer le sien avec un bijou. 2. Nettoyer le pendule régulièrement et le charger avec des intentions positives. 3. Formuler des questions spécifiques et claires pour obtenir des réponses précises. 4. Assurer une concentration calme et une intention claire pour des résultats plus fiables. 5. Utiliser en complément avec d'autres outils.
Prendre soin de ses outils physiques	Les outils spirituels comme les cartes et pendule accumulent des énergies et nécessitent un entretien régulier.	- Les outils deviennent des extensions de soi. - L'outil doit résonner avec vos propres énergies. - Connaître leur histoire et les intentions de création.	1. Nettoyer et recharger régulièrement. 2. Restaurer l'ordre des cartes après chaque utilisation. 3. Écouter votre intuition lors du choix de ton outil.

Astrologie	L'astrologie étudie les positions des astres au moment de la naissance pour comprendre les influences célestes sur la personnalité, les tendances de vie et les énergies en jeu. Elle utilise le thème natal, les signes, les planètes, et les maisons pour offrir une vue d'ensemble des dynamiques personnelles.	- **Thème Natal :** Carte du ciel au moment de la naissance. - **Planètes :** Chaque planète a une signification spécifique. - **Signes du Zodiaque :** Nuancent les énergies planétaires. - **Maisons Astrologiques :** Domaines de la vie influencés par les planètes. - **Aspects Planétaires :** Relations entre les planètes qui révèlent les influences harmonieuses ou tendues.	1. Étudier votre carte du ciel pour comprendre les influences fondamentales. 2. Utiliser les phases lunaires pour planifier des actions. 3. Consulter les positions futures des planètes pour planifier. (Ephémérides) 4. Utiliser en complément avec d'autres outils.
Numérologie	La numérologie explore les significations et les énergies des nombres associés à des aspects personnels comme la date de naissance et le nom complet. Chaque nombre révèle des traits de personnalité, des défis, et des objectifs de vie.	- **Thème Natal Numérologique :** Basé sur la date de naissance et le nom. - **Chemin de Vie :** Révèle les grandes lignes de la destinée. - **Chiffre d'Expression :** Aptitudes innées et objectifs de vie. - **Chiffre de réalisation :** Aspirations profondes et expériences. - **Chiffre de Personnalité :** Impression laissée sur les autres. - **Héritage du Nom :** Influences familiales. - **Empreinte Vibratoire :** Impact énergétique de la naissance.	1. Calculer les nombres clés (Chemin de Vie, Expression, etc.). 2. Analyser les influences familiales. 3. Étudier les chiffres pour comprendre leurs vibrations. 4. Utiliser en complément avec d'autres outils.
Rêves prémonitoires	Déchargement des canalisations durant nos moments de vie de la journée.	Rêve de décharge : loufoques, long, immoral et sans éthique. Rêve prémonitoire : concret, court, émotionnel et basé sur un ou deux éléments précis.	Tenir un carnet de rêve régulier en y notant la date du jour, le contenu du rêve, sa durée, les émotions ressenties.
Combinaison d'outils	Intégration de l'astrologie, numérologie, cartes et pendule pour une analyse complète.	- **Astrologie et Numérologie :** Perspectives complémentaires. - **Cartes :** Dimension visuelle. - **Pendule :** Réponses directes.	1. Croiser les informations pour enrichir l'analyse. 2. Utiliser les outils ensemble pour valider les interprétations. 3. Affiner les réponses avec le pendule.

La jauge énergétique

Que vous utilisiez vos capacités pour aider les autres ou à titre introspectif, l'énergie est une ressource précieuse. Elle est là, en vous, autour de vous, prête à être utilisée. Mais attention, si vous la gaspillez sans discernement, vous risquez de vous retrouver à sec, complètement vidé. Un peu comme un verre d'eau : vous êtes le verre, et l'eau représente votre énergie. Plus vous puisez dedans, plus le niveau baisse. Si vous ne faites pas attention, vous pourrez bien finir avec un verre vide, épuisé, sans une goutte à offrir.

Cela arrive quand on tire trop sur la corde, quand vous aidez tout le monde sans poser de limites, même quand la vie elle-même vous a déjà siphonné une partie de vos réserves. Parfois, il faut savoir dire non, même à tatie Murielle qui insiste entre l'entrée et le dessert pour un petit tirage « vite fait ». Savoir dire non, c'est essentiel pour ne pas se retrouver à sec, comme un verre d'eau laissé au soleil en plein été.

Évidemment, vous pouvez dire non de manière douce et bienveillante, en expliquant que ce n'est pas le moment, que vous préféreriez faire cela plus tard, dans un cadre plus approprié. Parce que, disons-le franchement, vous n'allez pas tirer les cartes à la va-vite entre le fromage et le gâteau, comme si vous faisiez un tour de magie pour amuser la galerie. Ce que vous faites, c'est du sérieux, c'est un métier, et tout comme un boulanger ne fait pas une baguette « vite fait » parce que tatie Murielle veut « voir comment ça marche », vous non plus ne vous prêtez pas à des démonstrations improvisées juste pour satisfaire la curiosité.

D'ailleurs, c'est souvent ça, cette curiosité qui pousse les gens à vous demander une petite séance rapide. Ils veulent voir si « ça marche vraiment », comme si vous deviez prouver vos compétences à chaque fois. Ce n'est pas mal intentionné, mais juste une réaction normale dans une société qui voit encore ce que vous faites comme quelque chose de mystique, presque irréel. Alors, ne cédez pas à cette pression. Rappelez-vous que vous n'êtes pas là pour prouver quoi que ce soit et encore moins pour épuiser vos réserves d'énergie.

Puis, il y a aussi les fameuses « personnes énergivores ». Ce sont celles qui, souvent sans le vouloir, vous pompent deux fois plus d'énergie. Elles sont généralement coincées dans des blessures émotionnelles profondes, parfois même à vif, et elles répètent des comportements toxiques. Petit aparté ici : j'aimerais qu'on arrête de dire « personnes toxiques ». Personne ne naît toxique ou mauvais par nature. Ces personnes souffrent, elles sont prisonnières de leurs blessures, et elles adoptent des comportements qui leur font du mal à elles, mais aussi aux autres. Je préfère les appeler les « personnes avec des comportements toxiques », et cela fait toute la différence.

Alors, face à ces personnes, il est crucial de poser des limites pour vous protéger. Ne vous laissez pas entraîner dans leur tourbillon. Et surtout, veillez à nourrir votre jauge d'énergie pour éviter qu'elle ne se vide complètement, ce qui pourrait avoir des conséquences graves sur votre santé mentale et physique.

D'où l'importance de recharger régulièrement vos batteries. Chaque fois que vous utilisez un peu de votre énergie, pensez à remplir votre verre. C'est vital pour éviter de vous retrouver à sec. J'ai une petite astuce que j'aime bien partager avec mes élèves : la jauge énergétique. Ça va vous paraître un peu bizarre, mais cette idée m'est venue en jouant aux *Sims* quand j'étais plus jeune. Oui, vous avez bien lu, *les Sims*. Dans ce jeu, chaque personnage avait une jauge qui indiquait son niveau d'énergie. C'est exactement le principe que je veux vous expliquer ici.

Votre jauge énergétique, c'est votre capital vital, celui qui vous permet d'être disponible pour les autres. À chaque interaction sociale, chaque effort physique, vous allez puiser dans cette jauge. Et quand vous utilisez vos capacités, vous consommez encore plus d'énergie, comme si vous vidiez deux fois plus vite votre verre. Et si vous ne faites pas attention, vous allez finir par puiser dans vos réserves physiques, ce qui peut devenir très douloureux, car c'est votre corps qui viendra compenser.

Il existe plein de méthodes pour recharger votre énergie, et je vais vous en parler juste après. Aucune méthode n'est universelle, l'important, c'est de trouver celle qui vous convient le mieux, celle qui résonne en vous, qui vous fait vous sentir revigoré, apaisé, et complet. Ne vous contentez pas de suivre des techniques à la lettre ; vivez-les, ressentez-les, adaptez-les à ce que vous êtes. Il n'y a pas de règles strictes, juste de la sensation. Dès que vous en ressentez le besoin, et surtout pour éviter de vous retrouver avec un verre vide, intégrez ces pratiques dans votre vie.

Mais il est aussi essentiel que vous connaissiez votre propre limite énergétique. C'est crucial de savoir quand vous avez besoin de vous ressourcer, avant de puiser dans vos réserves au point de les épuiser complètement. Parce que si vous laissez votre énergie se vider, sans y prêter attention, vous risquez de vous retrouver à sec, sans assez de force pour fonctionner correctement.

Cette limite énergétique est différente pour chacun. Certains ont une capacité plus grande, tandis que d'autres doivent se ressourcer plus souvent. L'important, c'est de reconnaître les signes qui vous montrent que vous vous approchez de cette limite. Un peu comme le voyant de votre voiture qui se met à clignoter pour vous signaler que le réservoir est presque vide.

Vous allez devoir apprendre à identifier votre propre « signal sonore », celui qui vous alerte avant que vous ne forciez trop sur votre réserve. Ce signal peut se manifester de plusieurs façons, et il est essentiel de savoir les reconnaître pour ne pas dépasser votre limite énergétique.

Cela peut commencer par une fatigue inhabituelle : ce n'est pas juste la lassitude après une longue journée, mais une sensation de lourdeur qui persiste, même après avoir bien dormi ou pris du temps pour vous. C'est ce genre de fatigue qui vous fait vous traîner, comme si votre corps et votre esprit étaient en mode économie d'énergie, incapables de fonctionner à plein régime.

Ensuite, il y a l'irritabilité soudaine. Vous vous surprenez à être agacé par des choses qui, habituellement, ne vous dérangeraient pas du tout. Votre seuil de tolérance baisse, et le moindre petit désagrément vous semble insupportable. C'est comme si votre réservoir de patience était vide, et que chaque interaction devenait une source potentielle de frustration. Ce n'est pas que les autres sont devenus plus énervants, c'est vous qui êtes moins capable de gérer le flot des émotions parce que votre énergie vitale est en baisse.

Un autre signal, peut-être moins évident mais tout aussi crucial, est le sentiment de déconnexion. Vous vous sentez déphasé, comme si vous étiez là sans vraiment être présent. Vous pouvez avoir l'impression d'être en pilotage automatique, où les tâches que vous accomplissez ne vous procurent plus la satisfaction ou l'intérêt qu'elles devraient. Cette déconnexion peut également se manifester dans vos relations, où vous vous sentez détaché, distant, comme si une barrière invisible s'était érigée entre vous et les autres. C'est un signe que votre énergie émotionnelle est en berne et que vous vous éloignez de ce qui vous nourrit intérieurement.

Ces petites alarmes internes, bien qu'elles puissent sembler anodines, sont des signaux importants que votre corps et votre esprit vous envoient pour vous prévenir que vous approchez de votre limite. Il est crucial de les écouter, de ne pas les ignorer en pensant que vous pouvez continuer à avancer malgré tout. Car une fois que vous franchissez cette limite, récupérer votre énergie peut devenir un processus plus long et difficile.

Prendre soin de ces signaux, c'est comme entretenir une relation avec vous-même : vous apprenez à reconnaître les moments où il est temps de ralentir, de vous ressourcer, et de recharger vos batteries. C'est un acte de bienveillance envers vous-même, une manière de vous assurer que vous pourrez continuer à avancer sans vous retrouver à court d'énergie. Agir ainsi, c'est aussi permettre à vos canalisations d'être plus efficaces et de meilleure qualité. Ce qui est important lorsque vous utilisez vos capacités pour aider les autres, car ils méritent que vous soyez en forme et fournissiez un travail de qualité. Prendre soin de vous, c'est aussi pour les autres lorsqu'on travaille dans l'énergétique.

Aussi, voici quelques idées qui vous permettront de remplir votre jauge d'énergie et de la garder à niveau au quotidien grâce à des pratiques faisant du bien au corps et à l'esprit :

La méditation : au premier abord, la méditation peut paraître difficile à appliquer dans votre vie. Les premières fois où j'ai médité, j'étais davantage frustrée que reposée. Rien faire, ne pas bouger et attendre m'était insupportable et inhabituel. Je ne ressentais rien de spécial et je n'arrivais pas à comprendre ce que ça apportait au corps et à l'esprit. Aujourd'hui, je pourrais méditer pendant des heures tant cela me procure une sensation de bien-être et m'amène dans une transe qui me permet de ressentir chaque brise du vent sur mon corps, chaque bruit d'oiseaux provenant de la forêt et toutes les énergies qui se trouvent autour de moi. Je me sens réconciliée avec moi-même et en profonde connexion avec le monde, sans pensées intrusives. Pour débuter la méditation, ne cherchez pas à faire trop d'un coup. Commencez par quelques minutes, peut-être de manière guidée avec des méditations audio (ce n'est pas ce qui manque sur Spotify et sur YouTube, vous en trouverez une ou deux sur mon podcast si vous voulez). L'idée n'est pas de privilégier la quantité mais la qualité. Dès que vous sentez que c'est trop, arrêtez et recommencez un autre jour. Petit à petit, si vous pratiquez avec régularité, vous commencerez à ressentir les bienfaits de cette pratique et, croyez-moi, vous aurez du mal à vous en passer quand vous aurez connu ces sensations physiques et psychiques que procure la méditation.

Les musiques hertziennes : ce sont des musiques qui intègrent des fréquences spécifiques agissant sur le psychique. Notre cerveau fonctionne à différentes fréquences selon notre état d'éveil ou de repos. En écoutant des sons qui correspondent à ces fréquences, il serait possible de synchroniser les ondes cérébrales, influençant ainsi notre état de conscience. Elles peuvent être écoutées durant une méditation, une balade en forêt ou tout simplement au cours de la journée. Voici les différentes fréquences et leurs actions :

- **432 Hz :** Cette fréquence est souvent associée à des effets calmants et équilibrants. Certains la considèrent comme une fréquence « naturelle » qui favorise l'harmonie avec l'univers. Elle est parfois appelée la fréquence de l'univers ou de la nature.
- **528 Hz :** Connue comme la « fréquence de l'amour », elle est censée favoriser la guérison et la transformation. Elle est souvent utilisée dans les musiques de guérison spirituelle et émotionnelle.

- **639 Hz :** Cette fréquence est liée à l'harmonisation des relations et à la connexion avec les autres. Elle peut être utilisée pour améliorer la communication et renforcer les liens affectifs.
- **741 Hz :** Fréquence associée à la purification, elle est utilisée pour nettoyer les cellules des toxines et renforcer l'expression de soi. Elle est également censée éveiller l'intuition.
- **852 Hz :** Cette fréquence est censée éveiller la conscience spirituelle, ouvrir la communication avec le moi supérieur et favoriser la clarté mentale.

La pratique en pleine conscience : le bien-être que nous offre la nature n'est plus à prouver. Se balader en forêt, bercé par le silence ou par une douce mélodie, est une expérience ancienne comme le monde. Observer les arbres, poser la main sur leur écorce et ressentir leur force vitale est une invitation à reconnecter avec une source de sérénité profonde. Pour vraiment tirer parti de cette connexion, il existe des pratiques spécifiques qui vous permettent d'immerger pleinement dans cette expérience de pleine conscience. Imaginez une promenade où chaque pas devient une méditation vivante. La marche en pleine conscience est un voyage sensoriel à chaque pas. Commencez par marcher pieds nus, pour sentir la terre sous vos pieds. Ressentez chaque texture, l'herbe fraîche qui caresse vos orteils, le sable chaud qui s'enfonce sous votre poids, les petites pierres qui roulent sous vos pas. Concentrez-vous sur vos sensations. Écoutez les bruits de la nature : les chants des oiseaux, le souffle du vent dans les feuilles. Fermez les yeux si vous le souhaitez, pour vous plonger encore plus profondément dans l'expérience sensorielle. La marche en pleine conscience est plus qu'une simple activité physique ; c'est un véritable bain de jouvence pour votre esprit, apportant calme et revitalisation. C'est une invitation à vous reconnecter à l'instant présent et à nourrir votre corps et votre esprit avec des énergies vivifiantes.

Tout comme la marche en pleine conscience, manger en pleine conscience transforme un acte quotidien en une expérience enrichissante. Lorsque vous mangez en pleine conscience, il s'agit de vous asseoir sans distraction, pas de télévision et pas de téléphone. Concentrez-vous sur la nourriture devant vous. Observez les couleurs, les textures, les arômes. Avant de commencer, prenez un moment pour vraiment apprécier ce que vous allez déguster. Servez-vous une petite portion et prenez une bouchée. Mastiquez lentement, en savourant chaque goût et chaque texture. Écoutez les signaux de votre corps : avez-vous vraiment faim ? Êtes-vous satisfait ? Qu'est-ce que cet aliment procure en vous ? Cette pratique vous aide à redécouvrir le plaisir de manger, à apprécier pleinement chaque bouchée et à reconnaître les signes de satiété de votre corps. Manger en pleine conscience vous permet de créer une relation plus saine avec la nourriture de nourrir votre être de manière équilibrée et de faire taire le mental pour revenir à l'instant présent et recharger vos batteries.

Le yoga : c'est un peu comme une boîte à outils géante. Il y a tellement d'options que vous pouvez facilement trouver celle qui résonne avec vous, que ce soit pour votre corps, votre esprit ou votre âme. Chaque type de yoga a ses particularités, ses propres énergies, et il peut répondre à des besoins très différents. Alors, on va faire un petit tour des principaux styles pour vous aider à voir lequel pourrait vous correspondre.

- **Hatha Yoga :** Le Hatha Yoga, c'est un peu le point de départ pour beaucoup. C'est un yoga classique, parfait pour prendre le temps de bien comprendre les postures (*asanas*), la respiration (*pranayama*), et la méditation. Imaginez ça comme la fondation de votre maison yogique. Si vous voulez construire quelque chose de solide, c'est par là qu'il faut commencer. C'est doux, accessible, mais ne vous méprenez pas, ça peut aussi vous faire transpirer.

- **Vinyasa Yoga :** Si vous aimez quand ça bouge, le Vinyasa est pour vous. Ici, les postures s'enchaînent de manière fluide, presque comme une danse synchronisée avec votre respiration. C'est dynamique, créatif, et parfait si vous voulez allier le physique et le mental dans un seul grand mouvement. C'est l'équivalent d'un cours de danse, mais version yoga. Tout est dans le flow !
- **Yin Yoga :** Le Yin Yoga, c'est comme un long soupir de soulagement pour votre corps. Ici, on ralentit vraiment le rythme. Les postures sont maintenues longtemps, permettant d'étirer profondément les tissus conjonctifs. C'est parfait pour lâcher prise, travailler sur la flexibilité, et entrer dans un état de méditation passive. Introspectif, relaxant, il est un vrai antidote au stress.

La lithothérapie : l'art d'utiliser les pierres et cristaux pour harmoniser vos énergies et favoriser votre bien-être. Les pierres, chacune possédant des propriétés spécifiques, sont là pour vous accompagner dans votre quête d'équilibre. Elles agissent comme des réservoirs d'énergie, capables de vous protéger des influences extérieures ou de vous recharger quand votre énergie est à la baisse. L'utilisation des pierres est assez simple et variée. Vous pouvez les porter sous forme de bijoux, en fonction de l'effet que vous souhaitez qu'elles aient sur vous. Vous pouvez également les placer sous votre oreiller pour un effet apaisant pendant la nuit, les déposer près de votre espace de pratique énergétique, ou encore les utiliser pour décorer votre intérieur. Pour que les pierres agissent efficacement, elles doivent être de taille suffisante. Privilégiez donc des pierres plus grandes, même pour les bijoux, afin de maximiser leurs bienfaits. Pensez également à recharger vos pierres régulièrement, que ce soit sous la lumière de la lune (pleine ou nouvelle lune) ou en les plaçant dans un bain de sel. Toutefois, veillez à vérifier les spécificités de chaque pierre, car certaines n'apprécient pas le sel ou la lumière lunaire. Chaque pierre a ses propres besoins, alors assurez-vous de respecter les particularités de chacune pour préserver leur efficacité.

Voici quelques pierres que vous pouvez utiliser pour vous aider à conserver un bon taux d'énergie vitale :

- **Tourmaline noire :** C'est la pierre par excellence pour vous protéger des énergies négatives. Elle agit comme un bouclier, absorbant les énergies indésirables et les dissipant dans la terre. Imaginez-la comme un filtre qui capte tout ce qui pourrait perturber votre équilibre et l'éloigne de vous. La tourmaline noire est aussi un excellent moyen de renforcer vos racines et de rester ancré dans le présent, même lorsqu'il y a des turbulences autour de vous.
- **Améthyste :** Cette pierre purifiante est parfaite pour apaiser votre esprit et équilibrer vos émotions. Elle vous aide à maintenir une clarté mentale, surtout quand vous êtes entouré d'une agitation émotionnelle ou psychique. L'améthyste est aussi une alliée de la méditation, favorisant une meilleure connexion avec votre moi supérieur, tout en vous protégeant des influences extérieures. Elle vous recharge en énergie douce et vous offre une tranquillité intérieure.
- **Obsidienne noire :** Comme la tourmaline noire, l'obsidienne est une pierre de protection puissante, mais elle va encore plus loin en agissant comme un miroir qui renvoie les énergies négatives. Elle vous protège des mauvaises intentions et vous aide à vous détacher des énergies perturbatrices. Si vous sentez que votre énergie a été vidée par des interactions toxiques, l'obsidienne est là pour restaurer votre champ énergétique et vous recharger en profondeur.
- **Citrine :** Pour recharger vos batteries énergétiques, la citrine est la pierre idéale. Elle est liée au soleil et à la chaleur, apportant lumière

et vitalité dans vos vies. Si vous vous sentez fatigué ou épuisé, elle vous aide à revitaliser votre énergie et à vous recharger d'une manière douce mais efficace. La citrine stimule également la confiance en vous et l'optimisme, vous permettant de garder votre équilibre même lorsque vous êtes confronté à des défis.

Trouver l'équilibre dans la pratique spirituelle, c'est comme marcher sur un fil : il s'agit de maintenir un juste milieu entre l'engagement dans les rituels et les besoins concrets de votre vie quotidienne.

En fin de compte, l'équilibre et le libre arbitre sont les fondations d'une pratique spirituelle épanouissante. En faisant des choix conscients et en restant ancré dans votre réalité, vous pouvez naviguer avec sagesse et intégrité dans votre quête de connaissance de soi.

MYTHES ET MISES EN GARDE

Quand on franchit la porte de la spiritualité, elle nous conduit sur un chemin fascinant de connaissance de soi, de déconstruction familiale et de guérison des traumatismes passés. On découvre alors un univers infini, composé de nouvelles connaissances, toutes plus intéressantes les unes que les autres, que l'on souhaite explorer dans les moindres détails, persuadé que chaque outil nous rapprochera un peu plus de la liberté que nous sommes venus chercher. Mais ce chemin peut aussi nous entraîner vers des sentiers trompeurs, parsemés d'épines et de rochers, où chaque détour nous enfonce un peu plus dans l'ombre que nous étions venu chasser. C'est pourquoi je souhaite vous avertir des dérives et des dangers cachés dans ce domaine encore mystérieux où nous plongeons parfois tête baissée, sans la moindre protection. Cette nouvelle quête, largement popularisée sur les réseaux sociaux, manque parfois de nuances et de profondeur nécessaires à l'intégration saine et bienveillante de cette pratique. Elle peut ainsi nous faire perdre pied, nous plongeant dans des souffrances auxquelles nous cherchions justement à échapper.

Lorsque j'ai entamé ce cheminement il y a plus de douze ans maintenant, en ouvrant mon premier livre de développement personnel *(Lise Bourbeau, à jamais dans mon cœur)*, j'étais fascinée par la façon dont les traumatismes les plus profonds de l'être humain pouvaient se révéler à travers son physique, son énergie ou son comportement. J'ai commencé à analyser chaque personne que je croisais, même celles assises dans la salle d'attente du cabinet médical de mon village. Je me souviens que c'est à cette période précise de ma vie, à l'aube de mes 16 ans, que j'ai réalisé que le monde qui m'entourait, ces adultes censés représenter l'autorité et la sagesse, n'étaient finalement que des enfants blessés, enfermés dans une version plus âgée d'eux-mêmes avec pour seule différence les responsabilités qui les incombent.

Ce n'est que plus tard, dans la vingtaine, que j'ai commencé à explorer le travail sur soi d'une manière plus spirituelle. À ce moment-là, j'ai intégré dans mon quotidien des pratiques comme la méditation, les rituels de lune, les manifestations, et les tirages de cartes. J'ai aussi testé une variété d'outils incroyables : hypnose régressive pour explorer des vies antérieures (une expérience à la fois bouleversante et fascinante), constellations familiales pour dénouer les blocages ancestraux (puissants de révélations), mémoires akashiques pour plonger dans les profondeurs de mon âme, et ThetaHealing pour des séances de thérapie brève (exceptionnellement révélatrices)... Bon, la liste est longue, car comme chaque outil apportait son lot de découvertes j'étais impatiente de tout tester.

Même si ces nombreuses expériences m'ont offert des éclaircissements précieux et des compréhensions profondes, enrichissant mon cheminement et me permettant de reconnecter avec de nombreuses facettes de moi-même dont j'ignorais l'existence, cette quête incessante de guérison a peu à peu creusé un fossé entre moi et ma véritable nature. En m'attachant aux messages de ces outils, j'en avais oublié que la véritable réponse se trouvait à l'intérieur de moi. Convaincue que les messages reçus, que ce soit à travers les cartes, les perceptions des autres ou les conseils des praticiens que je consultais, étaient des vérités immuables. Je croyais fermement que tout ce que j'entendais allait se réaliser comme prévu ou était vrai. Même les dires les plus déstabilisant que j'ai pu entendre comme « ton compagnon est un vrai petit con, tu devrais le quitter ! Tu perds ton temps avec lui. » Alors que, évidemment, ce n'était absolument pas le cas.

C'est seulement lorsque le rêve que je cherchais le plus au monde n'a pas pointé le bout de son nez, malgré les certitudes que m'avaient données ces expériences spirituelles, que j'ai commencé à tout remettre en question.

> La recherche de réponses à l'extérieur nous éloigne parfois de la vérité que nous portons à l'intérieur.

Cette épreuve m'a permis de prendre du recul et de voir les choses avec plus de discernement. J'ai compris que, malgré les enseignements précieux et les révélations offertes par chaque outil et chaque pratique spirituelle, il est essentiel de se rappeler que nous vivons dans un monde où tout n'est pas tout noir ou tout blanc. Les signes et les messages que nous recevons peuvent être influencés par une multitude de facteurs, notamment les distorsions interprétatives qui, parfois, faussent le message initial. Aussi, rien n'est jamais inscrit dans le marbre. Nos choix et notre libre arbitre nous éloignent parfois du chemin initial qui nous a été transmis. C'est d'ailleurs toute la complexité et la beauté de la vie humaine : elle est malléable, comme une pâte à modeler que l'on peut façonner et réinventer à l'infini, en fonction de nos envies et de nos choix.

Oui, parfois, la spiritualité ne détient pas toutes les réponses. Nos capacités, nos intuitions, et les messages que nous recevons ne suivent pas toujours le scénario que nous avions imaginé. Le temps, nos choix de vie, notre libre arbitre et bien d'autres facteurs influencent profondément notre parcours. Mais ces mystères, ces zones d'ombre dans lesquelles nous avançons à tâtons, valent malgré cela la peine d'être explorés, ne serait-ce que pour en percer les secrets un jour.

Je ne vais pas vous recommander de ne rien croire, de ne pratiquer aucune des méthodes portées par la spiritualité, ou même de renoncer à comprendre et à développer vos capacités extrasensorielles. Au contraire, je vous invite à embrasser ces pratiques, mais à y porter un regard aiguisé et à prendre du recul sur ce domaine qui navigue encore en eaux troubles, à la recherche d'une terre où accoster.

Je suis convaincue que cette exploration, bien qu'incertaine, peut nous mener à des vérités profondes, seulement elle doit être abordée avec discernement, sans se laisser emporter aveuglément par tous les messages que l'on entend et en veillant à écouter en priorité ceux qui proviennent de notre propre corps.

Ce domaine, encore en pleine exploration, est parsemé de contradictions. Sur les réseaux sociaux, les messages se multiplient, souvent opposés, chacun se revendiquant expert avec sa propre vision et ses croyances. Trop souvent, nous faisons l'erreur de généraliser nos vérités personnelles, pensant qu'elles s'appliquent à tous. C'est l'un des pièges les plus courants dans ce domaine. Il est donc facile de se laisser emporter par cette vague d'opinions, de perdre son équilibre, et d'oublier l'importance de l'esprit critique, ce même esprit qui a d'ailleurs toujours très bien guidé l'humanité vers l'évolution.

En parapsychologie, il est essentiel de prendre du recul, de questionner ce que nous considérons comme des vérités, afin de ne pas être entraîné par un courant de pensée à la mode. Il s'agit de façonner sa vie selon ses propres codes, et non selon des promesses de réussite ou de bonheur absolu vendu sur internet.

Méditer, manifester, faire ses rituels de lune n'amèneront pas l'argent que certains promettent sur les réseaux sociaux. Car il ne faut jamais oublier une chose essentielle de ce domaine : *être spirituel ne permet pas d'obtenir quelque chose mais de devenir qui nous sommes vraiment.*

Pratiquer une forme de spiritualité et développer ses capacités ne devraient pas être associés à un désir de possession. Ces méthodes ne sont pas des raccourcis vers la gloire ou la richesse, comme cela est souvent suggéré. Le yoga, la méditation ou les rituels de lune, des pratiques pour la plupart ancestrales, sont des moyens de ressentir, d'apaiser, et de dévoiler la personne qui se cache vraiment derrière les peurs et les angoisses que la vie a créées. Développer ses capacités extrasensorielles est un chemin vers l'évolution de l'être humain, une manière de contribuer à l'évolution de l'humanité tout entière. Cependant, l'humain a cette fâcheuse tendance de détourner des outils et des connaissances pour posséder toujours plus. Internet, par exemple, est un outil fantastique qui permet d'accéder à une multitude de savoirs en un clic. Pourtant, il a été transformé en un instrument addictif, conçu pour vendre toujours plus, pour manipuler et contrôler les idées.

Ma première mise en garde se situe donc ici : l'intention derrière l'utilisation de ces outils et de ces capacités ne doit pas être détournée de sa fonction première, celle de devenir qui nous sommes vraiment.

Il est crucial de se souvenir que la spiritualité, dans sa forme la plus pure, est un cheminement intérieur, une quête de soi-même et de compréhension du monde qui nous entoure. Elle n'est pas une solution miracle qui promet richesse et réussite, mais plutôt une manière d'entrer en contact avec des aspects plus profonds de notre être, de cultiver la paix intérieure, et de développer notre capacité à naviguer dans ce monde complexe avec clarté et sagesse.

L'esprit critique, la réflexion personnelle, et l'équilibre entre spiritualité et pragmatisme sont donc les clés pour avancer sur ce chemin sans perdre de vue ce qui est réellement important. Il ne s'agit pas de rejeter la spiritualité, mais de l'intégrer dans nos vies de manière consciente, réfléchie, et en harmonie avec nos valeurs profondes. Ce n'est qu'ainsi que nous pourrons véritablement évoluer, non pas en cherchant à posséder ou à contrôler, mais en apprenant à être, à ressentir, et à grandir avec sagesse.

Voici quelques principes qui vous aideront à bénéficier pleinement de ton cheminement et qui, si vous les gardez en tête, vous permettront d'éviter de vous aventurer dans les chemins épineux de ce domaine en expansion.

◎ **1. Modération :** Éviter de se reposer exclusivement sur ces méthodes pour résoudre tous les problèmes est essentiel. Ces outils, comme la cartomancie ou d'autres pratiques spirituelles, peuvent offrir des perspectives intéressantes, mais ils ne doivent pas devenir la solution unique à chaque difficulté. L'avenir est incertain et aucune méthode ne peut garantir des réponses parfaites ou une certitude absolue. Accepter que la vie est pleine d'incertitudes et d'imperfections nous aide à mieux en profiter et à en faire pleinement l'expérience.

Ne laissez pas les outils spirituels devenir votre béquille pour chaque problème. Ils peuvent offrir un recul et de nouvelles perspectives, mais ils ne doivent pas être la seule chose sur laquelle vous vous reposez. Utilise-les comme des suggestions plutôt que comme des solutions définitives. Cela vous permettra de les intégrer de manière saine et équilibrée dans votre vie tout en gardant une approche pragmatique face aux défis quotidiens.

◉ **2. Ancrage :** Dans notre société actuelle, il est facile de croire qu'on doit accumuler tous les derniers outils et tendances pour vraiment intégrer une nouvelle vision. On se retrouve alors à acheter des oracles, des pendules, des séances chez des praticiens, des encens, et une pile de livres spécialisés. C'est tentant, mais ce n'est pas la possession qui rendra votre pratique plus profonde. Je ne dis pas qu'il faut abandonner les plaisirs liés à la spiritualité ou à la psychologie, mais il est important de ne pas confondre collectionner les outils avec une pratique véritable. Ce qui compte, c'est d'être ancré et présent dans votre propre corps et votre propre vie, plutôt que de se perdre dans une accumulation d'objets.

En fin de compte, ce n'est pas la quantité d'outils que vous possédez qui importe, mais la qualité de votre connexion avec vous-même.

◉ **3. Libre Arbitre :** Je me souviens de l'amie de ma mère, qui avait décidé de déménager près de la mer après qu'une voyante lui a prédit qu'elle rencontrerait l'homme de sa vie au bord de l'eau. Cette anecdote illustre parfaitement une leçon essentielle : courir après une prédiction ne garantit ni sa réalisation, ni la rapidité de son avènement. Il est crucial de comprendre que notre chemin de vie ne se réduit pas à une seule direction prédéfinie.

J'explique souvent aux personnes que je forme que la vie ressemble à un rond-point, avec plusieurs routes qui s'offrent à nous, chacune représentant un chemin de vie possible. Lorsqu'on perçoit l'avenir d'une personne, on ne voit pas un destin figé, mais bien une série de possibilités qui se dessinent devant elle. Parfois, un chemin apparaît plus clairement qu'un autre, simplement parce que la personne a déjà commencé à s'y engager. Cependant, il est toujours possible de changer de cap, de faire demi-tour, et d'emprunter une autre route. C'est pourquoi il est primordial d'accueillir les informations reçues, que ce soit par les outils que vous utilisez ou les praticiens que vous consultez, avec recul et discernement.

Le véritable danger réside dans la tentation de donner à ces outils un pouvoir de décision sur notre vie. Penser qu'ils révèlent une seule et unique voie, inébranlable, peut être trompeur. En réalité, ces outils sont là pour éclairer le chemin que vous êtes en train de parcourir, sans pour autant vous garantir qu'il sera le seul possible. La vie est dynamique, changeante, et chaque décision, chaque action, peut vous mener sur un autre chemin. C'est aussi la raison pour laquelle certaines prédictions ne se réalisent pas. Ce n'est pas que le praticien s'est trompé, mais plutôt que vous avez choisi de prendre une autre direction.

Ainsi, il est essentiel de ne pas accorder trop de pouvoir à ces outils. Utilisez-les avec parcimonie, en gardant toujours un esprit clair et ouvert. Peu importe ce qui est prédit ou perçu, rappelez-vous que vous êtes l'acteur principal de votre vie, et que vous avez toujours la capacité de choisir votre propre chemin.

Jusqu'ici, vous ai averti des dangers liés à l'utilisation des outils spirituels pour ceux qui les emploient à des fins personnelles. Mais qu'en est-il des pièges pour le praticien, celui qui utilise ces outils pour en faire bénéficier les autres et les guider sur leur chemin ?

Tout comme celui qui cherche à trouver des réponses pour mieux se comprendre, celui qui guide cette quête s'engage sur un chemin où les énergies circulent librement, parfois avec une intensité imprévisible. En tant que guide, il s'aventure dans des territoires où les émotions des autres se mêlent aux siennes, créant un paysage complexe de ressentis et de perceptions pouvant parfois l'aveugler complètement. Les énergies qu'il manipule, touche du bout des doigts et qu'il absorbe parfois ne sont pas toujours douces et agréables. Quelquefois, elles peuvent le happer dans leur tourbillon, comme une tempête d'émotions qui emporte tout sur son passage et qui laisse derrière elle des cicatrices invisibles, mais profondément ancrées en soi.

Dans cette danse délicate avec l'invisible, où il n'y a pas de règles précises à suivre, il est facile de se laisser aspirer et de perdre de vue les frontières qui nous séparent de l'autre. Il devient alors facile de succomber à la tentation de projeter ses propres expériences et blessures. Sans même s'en rendre compte, le guide peut commencer à teinter les messages qu'il délivre des couleurs de son propre vécu, superposant son histoire personnelle à celle de la personne qu'il accompagne. Chaque mot, chaque geste, chaque conseil peut être influencé par ses propres émotions issues de ses blessures non résolues, créant un miroir déformant où les vérités se mélangent et où la clarté de la guidance se brouille.

Chaque session, chaque interaction, chaque instant passé à accompagner quelqu'un est un échange énergétique puissant. Il est vital que le guide reste conscient de l'impact de ces énergies, qu'il prenne le temps de les observer, de les comprendre, de les purifier si nécessaire. Car sans cette vigilance, sans ce soin apporté à son propre espace intérieur, il risque de se perdre et de devenir une éponge émotionnelle, absorbant plus qu'il ne peut gérer, portant les poids des autres jusqu'à ce que le poids sur ses propres épaules devienne trop lourd à porter.

Ainsi, montrer le chemin aux autres, c'est aussi être capable de se retirer, de revenir à soi, de se protéger. C'est accepter que, parfois, le guide doit lui-même se reposer, se replier sur ses propres forces pour continuer à avancer avec sagesse et discernement.

Mais comment, concrètement, un guide peut-il maintenir cet équilibre tout en restant une source d'inspiration et de soutien pour ceux qu'il accompagne ? Quels sont les principes clés pour préserver son bien-être tout en enrichissant l'expérience des personnes qu'il aide ?

◎ **4. Éthique :** L'éthique est le fondement de toute pratique sérieuse, et cela prend une dimension encore plus essentielle dans un domaine aussi délicat que celui de la relation d'aide. Mais qu'est-ce que cela signifie, concrètement, faire preuve d'éthique lorsqu'on utilise ses capacités extrasensorielles pour guider les autres ?

C'est d'abord un engagement profond à respecter la confidentialité des informations que les clients partagent avec vous. Chaque mot confié doit être gardé avec le plus grand soin, en respectant l'intimité et la vulnérabilité avec laquelle ils nous ont été confiés. Faire preuve d'éthique, c'est aussi pratiquer avec intégrité, en étant toujours clair sur ce que vos pratiques peuvent réellement apporter. Cela signifie reconnaître vos propres limites, en sachant que chaque outil a ses frontières, et qu'il est crucial de ne jamais prétendre pouvoir tout résoudre.

Être éthique, c'est également un engagement continu à l'apprentissage. Le monde des énergies et de la spiritualité est vaste, et se reposer sur ses acquis, c'est risquer de perdre en pertinence et en justesse. En continuant à se former, on s'assure de rester connecté à une pratique vivante et évolutive.

Il est aussi vital de ne jamais exploiter les vulnérabilités émotionnelles de vos clients pour des gains financiers. Trop souvent, des personnes en détresse deviennent des proies faciles pour des praticiens sans scrupules. L'objectif ne doit jamais être de maintenir les clients dans une dépendance, mais au contraire, de les guider vers leur propre autonomie et leur pouvoir personnel.

Un autre aspect essentiel de l'éthique dans ce domaine est de faire preuve d'honnêteté et de transparence sur les services que l'on propose. Il est crucial de ne pas exagérer ou embellir ce que l'on est capable d'accomplir, afin de ne pas donner de faux espoirs. Cela passe par une communication claire et respectueuse, expliquant précisément ce que vos pratiques peuvent ou ne peuvent pas apporter. Cela inclut aussi le fait de diriger les clients vers d'autres professionnels lorsque cela s'avère nécessaire, reconnaissant que d'autres approches peuvent parfois être plus appropriées.

J'ai rencontré tant de gens qui, face à chaque difficulté de leur vie, se tournent systématiquement vers un praticien. On pourrait penser que ce n'est pas la responsabilité du praticien si les clients deviennent dépendants, qu'ils devraient simplement apprendre à prendre du recul. Mais je crois que si les praticiens mettaient un point d'honneur à encourager le travail personnel, en fournissant des outils concrets pour avancer, et en expliquant clairement les limites de leurs pratiques, cette dépendance serait moins fréquente.

C'est là que notre rôle devient crucial. Nous, en tant que praticiens, avons la responsabilité de bien faire notre travail, d'éduquer nos clients. Ils viennent à nous pour une guidance, et c'est à nous de les aider à comprendre que le véritable pouvoir réside en eux-mêmes, et non dans les pratiques ou les prédictions que nous offrons. L'éthique, c'est avant tout cela : donner à chacun les clés pour se libérer, plutôt que de les enfermer dans une attente ou une dépendance.

◎ **5. Limites :** Il est facile de laisser notre mental projeter nos propres expériences sur celles des personnes que nous accompagnons. Cela peut influencer nos perceptions et poser un véritable risque lors des séances. C'est un danger courant dans ce domaine, où beaucoup se lancent sans formation adéquate ni travail sur eux-mêmes. Ils finissent par imposer leur vérité et leurs expériences personnelles sur celles de leurs clients. Pour éviter cela, il est crucial de prendre du recul, ce qui implique un profond travail sur soi. Cela nous permet de ne pas laisser notre jugement, notre prisme de vie ou nos blessures personnelles interférer avec l'expérience de vie de ceux que nous accompagnons. Rester sur les faits, sans y mêler son propre passé, est indispensable.

Un bon praticien ne peut exercer efficacement sans un travail constant sur soi-même. De la même manière qu'un chirurgien ne peut se soigner lui-même, il est essentiel de reconnaître que nous ne pouvons pas non plus prétendre y parvenir seuls.

Lorsque j'ai commencé, il m'est souvent arrivé de rencontrer des situations qui réveillaient des blessures personnelles encore vives. En tant que praticien, il est courant d'être confronté à un effet miroir, où les défis de nos clients résonnent profondément avec notre propre histoire. Cela peut rendre difficile le fait de rester objectif et de ne pas laisser nos propres expériences influencer notre pratique.

Je me souviens d'une séance où le thème des abus sexuels a été abordé. Ce sujet faisait surgir en moi des souvenirs et des émotions que je n'étais pas prête à affronter à ce moment-là. Cette expérience m'a fait comprendre qu'il est essentiel de reconnaître nos limites et de ne pas laisser nos blessures personnelles interférer avec notre capacité à aider les autres.

Pour préserver mon équilibre intérieur et offrir un accompagnement de qualité, j'ai dû prendre la décision difficile de refuser de travailler sur ce sujet spécifique. J'ai expliqué à ma cliente que je n'étais pas en mesure de l'accompagner sur ce thème et lui ai conseillé de consulter une professionnelle spécialisée en santé mentale plus adaptée à ses besoins.

Cet épisode m'a appris l'importance de se donner la liberté de refuser des demandes ou des situations qui pourraient réveiller des déclencheurs émotionnels personnels non résolus. Ne vous sentez pas obligé d'accepter chaque demande ; il est crucial de protéger votre bien-être pour maintenir une pratique éthique et respectueuse. En étant conscient de vos limites et en choisissant les cas qui vous conviennent, vous assurez non seulement une meilleure qualité d'accompagnement, mais aussi un respect profond pour vous-même et pour vos clients.

Je ne pouvais pas clôturer ce chapitre sur la compréhension de ses capacités médumniques, sans venir lister les nombreuses croyances qui persistent à rattacher ce domaine à une sphère mystique ou religieuse. En venant, bien évidemment, les débunker.

J'ai entendu de nombreuses choses ces dernières années depuis que je navigue dans le monde fascinant de la spiritualité et du développement personnel. Des vérités profondes, des mythes intrigants, des conseils éclairants, et parfois même des idées farfelues. Toutes méritent leur place, étant donné qu'aucune vérité absolue ne compose ce domaine. Néanmoins, je vais vous citer certaines idées que j'ai entendues, que ce soit de la part d'autres praticiens, par des témoignages rapportés, ou même des commentaires de mes clients ayant entendu des recommandations de divers professionnels. La raison en est toute simple : les conseils que je vais vous lister et argumenter sont souvent des directives autoritaires qui tendent à restreindre le libre arbitre et à limiter la pratique personnelle des individus. Ces notions, bien que parfois formulées avec bonne intention, peuvent étouffer la liberté d'explorer et d'adapter les pratiques énergétiques selon ses propres besoins et ses intuitions.

> « Tu ne dois pas te faire rémunérer
> si tu utilises ton don »

Cette idée vient souvent d'une vision romantique ou spirituelle selon laquelle un « don » est un cadeau divin qui ne devrait pas être monétisé. Certaines influences religieuses ont aussi contribué à l'idée que l'utilisation des dons spirituels doit rester désintéressée. Utiliser ses dons demande du temps, de l'énergie et un investissement personnel (études, pratiques, développement de soi). Être rémunéré pour un service n'annule en rien sa valeur spirituelle, au contraire, cela peut refléter un juste échange d'énergie. Les autres professions basées sur des talents (auteurs, peintres, dessinateurs, etc.) sont rémunérées sans qu'on les remette en question. Pourquoi en serait-il autrement pour les pratiques énergétiques ?

> « Ne prête pas tes cartes à quelqu'un d'autre,
> sinon elles ne marcheront plus »

Cette superstition vient probablement de l'idée que les cartes s'imprègnent de l'énergie de leur utilisateur principal. Elle est parfois renforcée par une interprétation exagérée du caractère « sacré » des outils divinatoires. Les cartes sont un outil, pas une entité vivante. Leur efficacité dépend avant tout de la connexion de l'utilisateur avec elles et de son intention. Si elles sont prêtées à quelqu'un d'autre, cela ne les rend pas inutilisables, mais il peut être utile de les « nettoyer » énergétiquement après les avoir prêtées afin de se recentrer. En réalité, ce qui compte, c'est la manière dont l'utilisateur travaille avec les cartes, pas l'objet lui-même.

> « Ne dis à personne que tu tires les cartes/fais du pendule/... »

Cette idée vient d'une époque où les pratiques spirituelles, notamment la divination, étaient stigmatisées, parfois même considérées comme illégales ou diaboliques. Cette peur a poussé les pratiquants à la discrétion. Dans la société d'aujourd'hui, même si des préjugés peuvent encore exister, il est tout à fait possible de pratiquer et d'en parler ouvertement, surtout si cela est fait avec bienveillance et pédagogie. Cacher ses pratiques peut alimenter le mystère et les malentendus qui les entourent, alors qu'en parler peut aider à démystifier ces disciplines et les normaliser. Cela n'affecte en rien la qualité de vos capacités ou la valeur de votre pratique !

Tout ce que vous entendrez de similaire sur ce domaine, comme « Ne tire pas les cartes/ne fais pas de soin énergétique quand tu as tes règles », est dû à des croyances et des superstitions profondément ancrées, issues principalement de l'influence religieuse et de son héritage historique, notamment pendant les périodes où les femmes considérées comme sorcières, étaient assimilées au diable. Ces idées reposent donc sur la peur et l'ignorance plutôt que sur des fondements réels, et elles continuent parfois à imprégner nos pratiques spirituelles ou énergétiques modernes sans justification objective. Ne vous laissez pas influencer par ces idées et pratiquez votre art de la manière avec laquelle vous l'entendez, tant que cela est fait avec bienveillance et respect d'autrui.

CHAPITRE 2

Écouter

★ ★ ★

« Le véritable voyage de découverte ne consiste pas à chercher de nouveaux paysages, mais à avoir de nouveaux yeux. »

Marcel Proust

Peut-être que vous rêvez de pouvoir lire l'avenir et les énergies qui vous entourent et que c'est cette raison qui vous a poussé à acheter ce livre. Seulement, même après avoir compris tout ce que je vous ai partagé jusqu'ici, cela ne suffira pas pour y arriver. Savoir lire le passé et l'avenir ne suffit pas pour réussir ses canalisations. Nous pouvons être un très bon médium mais un très mauvais interprète. Ce qui fait la différence, ce n'est pas le nombre d'années d'expérience ni même les certifications ou les formations suivies mais une chose primordiale que l'on oublie avant de pratiquer et que l'on subit lorsque nous allons consulter : l'éthique de travail.

Avant d'écouter les énergies qui nous entourent il faut commencer par écouter celles qui sont en nous. C'est une étape difficile mais nécessaire pour accéder à l'ensemble de nos capacités, interpréter correctement les informations que l'on canalise mais aussi amener à une vie plus consciente.

Les failles invisibles qui se cachent en nous deviennent des obstacles à l'expression et à la conscientisation de nos capacités ; ainsi les messages que nous recevons et que nous distribuons peuvent être alors parsemés de nos propres maux. Sans les travailler, nous prenons le risque de détériorer le sens des messages que l'on reçoit via nos capacités, avec des fragments de notre propre histoire, et d'induire en erreur la personne qui s'abandonne complètement à nous dans l'attente d'être guidée sur son chemin de vie. La volonté d'aider ne suffit pas pour accompagner les autres. Il est nécessaire de se connaître parfaitement, d'avoir identifié et décelé le fonctionnement de l'ensemble de ses traumatismes. Cela ne veut pas dire qu'il faut avoir tout guéri, d'ailleurs cela est totalement utopique de penser que nous pouvons y arriver. Il nous faudrait bien plus d'une vie pour arriver au bout de nos failles. Guérir peut-être pas, mais être conscient de ses zones d'ombres et de la manière avec laquelle elles nous influencent est indispensable lorsque nous recevons des informations d'autres personnes. Nous avons le devoir de transmettre l'information reçue telle qu'elle se transmet dans nos canaux intuitifs mais nous ne devons à aucun moment y ajouter nos peurs, notre jugement et notre avis personnel. Même si ce que je vous dis ici semble évident de prime abord, nombreux sont ceux qui ont tendance à mélanger involontairement perceptions extrasensorielles et sentiments personnels.

> Lire les messages transmis par ses capacités, demande une confiance en soi inébranlable.

Le scientifique J. B. Rhine a constaté que les résultats qu'il obtenait durant ses recherches sur les capacités extrasensorielles étaient bien meilleurs lorsque les individus étaient détendus et confiants. Selon lui, l'état émotionnel et mental joue un rôle clé dans la qualité des perceptions. Des facteurs comme l'anxiété ou un mal-être psychologique dû à des traumatismes non réglés et des blessures émotionnelles à vif pourraient altérer l'utilisation de nos capacités extrasensorielles. Nos pensées, nos peurs et nos blessures agissent comme des parasites qui brouillent la réception de nos canalisations. Tant que nous n'avons pas apaisé ces éléments perturbateurs, les messages que nous recevons restent flous, entremêlés à nos propres doutes et à des histoires non résolues. Ce sont ces mêmes troubles qui viennent entraver nos relations, freiner nos ambitions, et parfois nous éloigner de ceux que nous aimons. L'humain est un être complexe et fascinant, doté de capacités extraordinaires dont il n'a pas encore pleinement conscience, mais aussi d'une mécanique intérieure complexe où certains rouages, rouillés et abîmés, sont invisibles à l'œil nu et doivent être entendus pour libérer tout son potentiel et lui permettre d'accéder à une utilisation plus poussée de ces cinq sens.

Il est naturel pour chacun d'entre nous de chercher à attribuer la responsabilité de nos tempêtes intérieures à d'autres personnes. « C'est la faute de mon père », « celle de ma mère », « de mon patron » ou encore « de mon mari si… » Nous le voyons dans la société : nous cherchons souvent un coupable à qui faire porter la faute entière d'un préjudice. Cela permet d'éviter de remettre trop de choses en question ou de faire face à des réalités plus difficiles à changer. Mais si c'était plus complexe que cela ? Si, au lieu de se concentrer sur une seule pièce du puzzle, il fallait en considérer l'ensemble, y compris celles qui restent cachées ou inaccessibles au premier regard ? Et si ces troubles intérieurs, qui peuvent parfois nous pousser à projeter douloureusement nos frustrations sur les autres, provenaient de multiples sources qui, une fois assemblées, révéleraient une image complète donnant un sens à nos maux ?

Serait-ce utopique de ma part de penser que les problèmes, même les plus horribles, pourraient être évités si chacun prenait la responsabilité de panser ses propres blessures avant de les infliger à ceux qu'il aime ? Que le monde pourrait devenir plus doux si chaque individu travaillait véritablement sur lui-même avant de donner la vie et ainsi éviter de transmettre ses failles à la génération suivante ? Peut-être, me direz-vous. Impossible, me diront certains. Évidemment, il n'est peut-être pas possible de sauver le monde, mais en semant une graine chez vous qui lisez ce livre et en la laissant fleurir, vous pourrez à votre tour la semer chez quelqu'un d'autre durant une discussion, un mot ou simplement en montrant l'exemple aux autres en effectuant d'abord ce changement en vous. Puis, petit à petit, chacun à notre échelle nous pourrions ouvrir les esprits pour amener plus de paix et d'éveil dans un monde en souffrance.

La première étape est de prendre conscience que nos traumatismes sont la racine des blessures que nous infligeons aux autres et qui nous pénalisent nous-mêmes.

Ce chapitre aura donc un double impact sur votre vie. Il mettra non seulement en lumière des parties cachées de vos tourments les plus profonds pour vous aider à libérer votre corps des parasites émotionnels qui le freinent mais permettra aussi de débloquer, développer et fluidifier vos canalisations énergétiques.

Vous développerez également une compréhension approfondie des blessures humaines, ce qui vous permettra non seulement de travailler sur vous-même et de gagner de nombreuses années de conscience, mais aussi d'accompagner plus efficacement les personnes que vous guidez, si vous choisissez de devenir praticien en énergétique.

Vous allez d'abord découvrir comment un traumatisme se forme en nous et l'impact qu'il a sur notre cerveau. Ensuite, nous aborderons les blessures émotionnelles engendrées par ces événements traumatiques. Nous examinerons le rôle de nos ancêtres et de la société dans ces dynamiques, avant de découvrir le système de croyances qui façonne notre façon d'agir, de penser et notre vie tout entière.

Alors, dans ce chemin de découverte de soi, il est nécessaire de démarrer de la même manière que pour un puzzle, en assemblant les pièces une par une pour révéler progressivement le paysage complet de ce qui se passe en nous. Démarrons donc par la première pièce du puzzle pour mieux comprendre ce qui sommeille en chacun de nous.

Qu'est-ce qu'un traumatisme ?

Je suis certaine qu'il vous est déjà arrivé de dire quelque chose qui dépassait votre pensée, ou d'agir d'une manière qui ne vous ressemblait pas. Par exemple, dire à votre mère, votre père ou à la personne qui partage votre vie des mots blessants poussés par une vague de colère qui traversait votre corps. Ou encore, de ne pas arriver à vous défendre face à l'irrespect ou l'injustice que l'on vous a fait vivre, parce que vous sentiez bloqué comme si vous vous trouviez face à un mur vous empêchant d'avancer. La raison à cela, ce sont les failles que vos expériences passées ont laissées derrière elles, ce que l'on appelle communément : des traumatismes. Ces failles, pourtant invisibles, nous privent bien plus que nous ne l'imaginons. Elles freinent l'expression de nos talents, éteignent nos rêves et dressent même de puissantes barrières entre nous et les autres. Elles nous enferment dans des schémas de pensées négatives et nous imposent des discours durs envers nous-mêmes, des mots que nous ne pourrions jamais adresser à quelqu'un d'autre tant leur portée est dévastatrice mais que nous nous infligeons sans discuter à nous-même.

Avant tout il est important de comprendre qu'aucun traumatisme n'est plus ou moins légitime qu'un autre. Chaque blessure mérite d'être entendue et soignée, en fonction de la souffrance qu'elle provoque. Ce n'est pas l'événement en soi qui définit son importance, mais la manière dont il continue de résonner en nous. Nous pensons, à tort, que c'est en brandissant une épée et en érigeant des murailles autour de nous que nous arriverons à les combattre. Mais cette stratégie ne fait que nous isoler davantage, nous éloignant de notre véritable essence. Peut-être avez-vous déjà eu l'impression d'être enfermé dans le même film qui se répète en boucle vous faisant revivre éternellement les mêmes émotions et les mêmes situations. Il est fréquent, dans ces moments-là, de penser que le problème vient des autres. De se dire que la faute incombe au partenaire qui partage notre vie, celui qui ne fait pas d'efforts pour changer, qui n'est pas assez attentionné, aimant ou à l'écoute de notre douleur. Tout comme il est facile de croire que l'origine de notre mal-être se trouve dans notre environnement professionnel. Que ce collègue trop exigeant, ou ce patron qui ne reconnaît pas nos efforts, est responsable de notre frustration. Comme si tout ce que l'on ressentait dépendait entièrement des autres.

Mais si je vous dis que votre partenaire ou encore vos collègues ne sont pas la source de cette douleur profonde mais l'élément déclencheur de cette douleur ? Ils ne font que réveiller des blessures anciennes, déjà présentes en vous. Celles qui se sont formées bien avant eux, bien avant ces situations. Ce qui fait mal, ce n'est pas vraiment leur comportement ou leurs mots, mais la résonance qu'ils ont avec ces failles invisibles que vous portez déjà en vous.

Démarrons par le début.

Un traumatisme se forme à la suite d'un événement marquant de notre vie. Lorsque cet événement se passe, il déclenche en nous une palette d'émotions allant de la peur à la frustration, en passant par la culpabilité ou encore par la honte. Ces émotions sont parfois si fortes que notre cerveau déclenche un état de danger pour s'en protéger, comme le faisaient nos ancêtres à l'état primitif lorsqu'ils faisaient face à des menaces physiques telles qu'un prédateur. C'est notre amygdale *(la partie de notre cerveau qui dicte nos réponses comportementales aux émotions)* qui perçoit ces émotions intenses comme un danger imminent, ce qui déclenche la fameuse réponse « de lutte ou fuite » qui se créée en nous en réponse à cet événement traumatique. Même si aujourd'hui le danger est plus souvent d'ordre psychologique ou émotionnel que physique, comme cela était le cas à la préhistoire, notre corps se prépare instinctivement à réagir en libérant des hormones de stress pour nous alerter et nous protéger de cet événement ce qui nous provoque des sensations physiques et émotionnelles qui nous plonge dans un état second. Nous sommes alors plongés dans cet état, non seulement au moment où le traumatisme se crée, mais aussi chaque fois qu'il est ravivé. Alors, lorsque le traumatisme se déroule mais aussi plus tard, lorsque des circonstances similaires rappellent cet événement, le mécanisme de « lutte ou fuite » s'active, nous incitant à adopter :

- **Le comportement de lutte**, qui, plutôt que de rester spectateur, nous plonge dans un mode de « combat », prêt à réagir vivement, à nous défendre coûte que coûte. Dans cet état, les émotions sont exacerbées, les gestes parfois brusques, et nos pensées se concentrent uniquement sur la façon de maîtriser la situation. Ce besoin irrésistible de prendre le contrôle devient alors notre façon de tenter de retrouver notre pouvoir, et de repousser ce poids du passé qui revient avec force tout en nous plongeant dans un combat que nous pensions avoir déjà mené.

- **Le comportement de fuite**, lui, nous plonge en mode « spectateurs de nous-mêmes », observant la scène sans agir. Incapables de nous exprimer ou de penser clairement, notre seul désir est de fuir au plus vite de ce moment pour retrouver notre équilibre et nous libérer de ce poids soudain, qui ramène avec lui toutes les sensations du passé que nous avions espéré ne plus jamais revivre. Nous nous retrouvons alors comme au-dessus de nous-même, plongé dans un nuage de fumée, comme si notre âme avait décidé de s'en aller de notre corps.

Ce qui va déterminer le mode que l'on va adopter face à l'éveil de nos traumatismes anciens dépend de notre caractère, notre personnalité et notre éducation. L'ancrage d'un événement traumatique en nous, et l'impact qu'il aura sur notre existence d'adulte, lui, dépendra non pas de la gravité de l'événement en soi, mais plutôt de l'intensité des émotions ressenties à ce moment-là et l'âge durant lequel il a été vécu. Attention, ce n'est pas parce qu'une situation vous effraie qu'elle vous traumatisera nécessairement. Mais si l'émotion est suffisamment puissante et qu'elle se mêle à d'autres sentiments similaires, comme une tempête émotionnelle incontrôlable qui ravage tout sur son passage, alors l'événement peut s'imprimer en nous, telle une marque indélébile, un souvenir brûlant qui refait surface à chaque instant de vie.

Dans le processus de création d'un traumatisme, il arrive que le cerveau libère des quantités importantes de cortisol, une hormone du stress, qui peut altérer le fonctionnement de l'hippocampe, la région de notre cerveau qui est responsable de la formation et de la consolidation des souvenirs. Cette perturbation peut alors bloquer l'accès à ce souvenir dans la mémoire. Cela explique pourquoi certains événements émotionnels ou traumatisants deviennent flous, difficiles à se remémorer, voire entièrement oubliés. Le cerveau cherche à minimiser l'impact émotionnel en effaçant partiellement ou totalement certains souvenirs. Cependant, les mécanismes de défense mis en place restent eux bien présents en nous et continuent de s'activer chaque fois que le traumatisme est ravivé. Il est donc parfois difficile de savoir pourquoi certaines situations nous poussent vers des comportements excessifs ou à l'inverse, à nous renfermer sur nous-même.

C'est principalement pendant le développement du cerveau que nous sommes le plus vulnérable et que ces événements difficiles ont le plus de chance de laisser une empreinte durable sur la manière dont nous gérons et vivons nos émotions. Des recherches en psychologie et en psychiatrie, notamment au centre « For disease control and prevention (CDC) » sur les *Adverse Childhood Experiences* (ACEs), ont montré que des traumatismes vécus durant la petite enfance, entre 0 et 3 ans, affectent profondément notre manière de réguler nos émotions à l'âge adulte. C'est à cette période que le cerveau est en plein développement, et des régions clés, comme l'amygdale et l'hippocampe sont particulièrement sensibles aux expériences stressantes car elles ne sont pas complètement formées. Ainsi, si un traumatisme survient durant cette période critique, il peut perturber non seulement notre évolution mais aussi avoir des répercussions sur notre vie d'adulte et principalement sur notre gestion émotionnelle.

Cela ne se limite toutefois pas aux premières années de la vie. Entre 4 et 12 ans, des traumatismes tels que l'abus ou la négligence, qu'ils soient de type émotionnel, physique ou sexuel, peuvent causer des troubles de l'attachement ainsi que des difficultés émotionnelles et comportementales à long terme. À cet âge, c'est le cortex préfrontal qui joue un rôle essentiel dans la prise de décision et le contrôle des impulsions encore en développement, il reste « plastique » et peut donc être affecté par ces évènements. En revanche, si un travail thérapeutique est entrepris à temps, il pourra récupérer plus facilement.

D'ailleurs, l'étude ACE a prouvé que les traumatismes vécus durant l'enfance, ont bien des répercussions à long terme sur la santé mentale et physique. Ce qui veut aussi dire que plus une personne traversera des expériences traumatiques durant son enfance, plus elle sera susceptible de développer, à l'âge adulte, des troubles émotionnels et psychologiques comme la dépression, l'anxiété, ou encore le trouble du stress post-traumatique *(TSPT).*

Si pendant cette période, nous vivons une expérience traumatisante et que celle-ci nous créée de fortes émotions, trop fortes pour être assimilées correctement par notre cerveau d'enfant en pleine construction, cela créera en nous ce qu'on pourrait assimiler à « *une marque* ». À l'intérieur de « *cette marque* » se logeront toutes les émotions ressenties durant l'évènement telle une boîte dans laquelle la mémoire émotionnelle de l'événement et tous les ressentis physiques seront conservés.

Cette marque presque indélébile restera en nous durant toute notre évolution et pourra parfois prendre toute la place dans notre corps si elle est réveillée par des éléments qui lui rappellent le moment où elle a été créée. C'est-à-dire une situation ressemblant à l'évènement traumatique mais avec des personnages différents. C'est alors à ce moment précis que la marque grossira en nous et que les émotions contenues par celle-ci seront ressenties puissamment dans tout notre corps. Nous réagirons en fonction de ce que nous ressentons, de la même manière que lorsque nous étions enfant. L'amygdale, cette partie de notre cerveau nous dictant quoi faire, sera alors activée.

Souvent, nos réponses face à ce souvenir émotionnel qui est éveillé, prennent la forme d'un comportement de défense que nous avons créé de manière inconsciente pour nous protéger. Ce comportement est toxique pour nous-même mais aussi pour les autres et peut s'avérer très virulent, un peu comme un animal blessé qui va attaquer et mordre ceux qui s'approchent de lui par peur d'être de nouveau abimé. Il peut prendre la forme de mots, de gestes ou d'une attitude particulière propre à l'éveil de notre traumatisme passé.

Ces marques créées par des traumatismes qui contiennent les mémoires émotionnelles portent un nom en développement psycho-émotionnel, ce sont : les blessures émotionnelles, des marques créées par les traumatismes et les comportements défensifs adoptés pour y faire face dans sa vie d'adulte. La blessure émotionnelle est comme un conditionnement dans lequel se trouve une boucle infinie de réactions et de comportements associés à notre traumatisme et qui se répète à chaque fois que quelque chose l'éveille. Ces blessures ont même le pouvoir de façonner notre corps de son empreinte si elles sont profondément ancrées en nous depuis notre enfance et que nous n'avons jamais eu la possibilité de les guérir en grandissant.

Ignorer ces failles, c'est un peu comme refuser de soigner une plaie en espérant qu'elle guérisse par elle-même, tout en subissant consciemment la douleur qu'elle nous procure. Ce qu'il faut savoir, c'est que nous portons tous ces cicatrices en nous mais qu'elles ne sont pas seulement le reflet des difficultés que nous avons traversées. Elles peuvent aussi être l'écho de celles que nos ancêtres nous ont léguées où celles dans lesquelles la société nous a conditionné.

Les blessures émotionnelles

Vous avez probablement déjà entendu parler de ce concept, popularisé par Lise Bourbeau, qui a écrit de nombreux ouvrages sur le sujet. L'un de ses best-sellers, *Les cinq blessures qui empêchent d'être soi-même*[8], est un livre que j'ai ouvert pour la première fois durant mon adolescence. Un ouvrage qui fut une véritable révélation pour moi, me permettant de comprendre les autres, et plus tard, de me comprendre moi-même en me donnant les clés pour décoder les rouages de mes parts d'ombre.

Pour mieux saisir le fonctionnement de nos traumatismes, je vais donc revenir sur les catégories de blessures émotionnelles classifiées par Lise Bourbeau, et approfondir le conditionnement dans lequel chacune nous enferme. C'est-à-dire, comment chaque blessure émotionnelle façonne notre existence. Il en existe cinq grands types, chacune

8 *Les 5 blessures qui empêchent d'être soi-même*, Editions Pocket, 2013.

engendrant des comportements d'auto-défense ainsi que des schémas qui impactent notre vie relationnelle, sociale et notre manière de nous exprimer, tout en créant des répétitions et des répercussions sur notre physique. Ces blessures nous conditionnent et nous enferment dans une fausse personnalité façonnée par notre traumatisme en agissant sur différents pans de notre existence :

LE CONDITIONNEMENT SOCIAL

Le conditionnement social, est l'attitude que l'on adopte face aux autres en fonction de la blessure émotionnelle que l'on porte. Il agit comme un masque, cachant les failles créées par notre traumatisme. Derrière ce masque, se dissimulent nos peurs, nos angoisses et notre vulnérabilité, souvent camouflées par des comportements automatiques et « non naturels ».

LE CONDITIONNEMENT COMPORTEMENTAL

Le conditionnement comportemental se manifeste dans nos actions envers les autres, dictées par le masque que nous avons créé dans notre conditionnement social. Il s'agit d'une réponse prématurée face aux potentielles réactions des autres qui pourraient réactiver notre blessure. Ces comportements sont souvent une tentative de se protéger de ce que l'on anticipe comme des agressions émotionnelles.

LE CONDITIONNEMENT VERBAL

Le conditionnement verbal se retrouve lui dans les mots que nous prononçons régulièrement. Ils font partie intégrante de notre vocabulaire, comme un écho incessant qui nous enferme dans la souffrance. Ces expressions, répétées en boucle, nourrissent notre mal-être et perpétuent le cycle de la blessure.

LE CONDITIONNEMENT PHYSIQUE

Quand une blessure émotionnelle s'installe profondément et durablement, elle peut également façonner notre apparence physique, influençant la perception que les autres ont de nous. La blessure s'exprime alors visuellement, modifiant le regard, la posture ou encore la silhouette, traduisant nos souffrances intérieures à travers notre corps.

LE CONDITIONNEMENT DU SCHÉMA DE VIE

Le schéma de vie, appelé communément le « schéma répétitif », est la boucle dans laquelle notre blessure nous enferme. Nous revivons sans cesse des situations similaires, même si les personnes et les éléments changent. C'est comme si la blessure nous conduisait toujours vers la même issue, nous empêchant de briser ce cycle destructeur.

Attention, tout ce que vous lirez ici est à titre d'exemple pour vous aider à comprendre et identifier vos propres blessures. Il est essentiel de s'engager dans un véritable travail d'introspection pour adapter ces informations à votre vécu personnel. Cela vous donnera une base solide pour entamer ce voyage vers une meilleure compréhension de vous-même et vous aidera à vous libérer des schémas toxiques dans lesquels vous pourriez être prisonnier.

Dans la catégorie associée aux comportements de lutte, on retrouve :

◉ La blessure de la trahison :

La blessure de la trahison est une souffrance émotionnelle intense, caractérisée par une peur constante d'être trahi ou trompé par ceux en qui l'on a confiance. Elle pousse souvent à ériger des barrières de protection dans les relations pour éviter de revivre cette douleur. Cette blessure se développe généralement entre 2 et 4 ans, à travers les interactions avec le parent du sexe opposé, souvent suite à une rupture de confiance ou des attentes non comblées. L'enfant peut se sentir trahi, déçu ou abandonné par ce parent qu'il idéalise et place sur un piédestal. Face à cette blessure, la personne adopte généralement un comportement de lutte, utilisant des mécanismes de contrôle pour éviter toute trahison future. Elle cherche à dominer les relations ou les situations, afin de ne pas se sentir vulnérable et de maintenir une forme de sécurité émotionnelle.

Impact social :	Les comportements d'auto-défense adoptés :
• L'individu développe un sentiment de supériorité vis-à-vis des autres. • L'apparence devient très importante : il ou elle peut chercher à impressionner et à contrôler pour éviter toute trahison.	• Manipulation et autoritarisme sont fréquents pour obtenir ce qu'il ou elle veut. • Le besoin de contrôle se traduit par une impatience marquée, une forte susceptibilité et une tendance à imposer son point de vue. • L'individu accumule des attentes non réalistes envers les autres et peut s'exprimer de manière bruyante pour asseoir son autorité.
L'impact physique de cette blessure :	**L'impact verbal / le vocabulaire créé par cette blessure :**
• Physiquement, cette blessure peut se manifester par un corps qui symbolise la force et le pouvoir : • Chez l'homme : épaules larges par rapport aux hanches. • Chez la femme : hanches plus larges et fortes que les épaules. • La poitrine est bombée et le ventre souvent gonflé. • Les organes fréquemment affectés incluent le gros intestin, les poumons, les reins, la vessie et les organes sexuels.	• L'individu utilise souvent des expressions qui montrent un besoin de contrôle et d'autosuffisance, par exemple: - « Je suis capable » - « Laisse-moi faire seul » - « Je le savais » - « Fais-moi confiance » - « Je ne lui fais pas confiance »

LES ASPECTS DE LA BLESSURE DE LA TRAHISON

1 - Aspects négatifs (lorsqu'elle n'est pas réglée) de l'individu :

- Ne tient pas ses engagements.
- Très méfiant, sceptique et toujours sur ses gardes.
- Autoritaire et intolérant à cause de ses attentes non comblées.
- Besoin excessif de prouver sa fiabilité.
- Convaincu de ne jamais mentir.
- Refuse que quiconque lui coupe la parole.
- Se punit en accomplissant tout par lui-même.
- Besoin d'être constamment occupé.
- Élimine les personnes de sa vie lorsqu'elles ne répondent plus à ses attentes.

2 - Aspects positifs (une fois la blessure guérie) de l'individu :

- Sa force lui permet de se montrer rassurant et protecteur.
- Personne talentueuse, sociable et douée pour le théâtre ou la prise de parole en public.
- Capacité à déléguer et à aider les autres à développer leur confiance en eux-mêmes.
- Habilité à repérer les talents des autres et à les mettre en avant.
- Apte à jongler entre plusieurs tâches et à prendre des décisions rapidement.
- Confiance en l'Univers et capacité totale à lâcher prise.
- Se sert de son intuition pour choisir les bonnes personnes qui l'entourent, ce qui lui permet d'avancer plus sereinement.

LES SCHÉMAS RÉPÉTITIFS POSSIBLES :

- **Création de conflits :** tendance à provoquer des disputes et des tensions avec l'entourage, souvent à cause de soupçons ou de méfiance excessive.
- **Isolement relationnel :** renie ou écarte des personnes proches, croyant à tort qu'elles sont source de trahison ou de déception.
- **Autoritarisme :** crée une atmosphère tendue dans les relations en cherchant constamment à contrôler les autres.
- **Auto-punition :** se surcharge de responsabilités et refuse l'aide extérieure pour prouver sa valeur ou éviter d'être trahi.
- **Échec relationnel :** malgré une volonté de réussir, finit par saboter ses propres relations par manque de confiance en autrui.

◉ La blessure de l'injustice :

La blessure de l'injustice crée un mal-être profond, où la personne ressent un sentiment constant d'inégalité et d'incompréhension. Elle se plaint fréquemment, se percevant comme victime de situations injustes, souvent liées à des expériences de comparaison ou à des attentes excessives dans l'enfance. Cette blessure se forme généralement entre 4 et 6 ans, avec le parent du même sexe, et découle du besoin de performance et de perfection, bloquant l'expression de l'individualité. Face à cette blessure, l'individu adopte souvent un comportement de lutte, réagissant par une hypervigilance, une rigidité excessive, et parfois même de l'agressivité. Ces réactions sont des tentatives pour rétablir un sentiment d'équité et se protéger contre toute situation perçue comme injuste.

Impact social :	**L'impact physique de cette blessure :**
• **Exigence :** La personne est très exigeante envers elle-même, ne respectant pas ses limites et s'imposant un stress important. • **Auto-critique :** Elle a du mal à voir ses qualités ou à apprécier ses réussites, se critiquant souvent. • **S'excuse d'exister :** Elle se justifie régulièrement, ayant besoin d'expliquer ses actions.	• Le corps est souvent rigide, bien proportionné, avec des fesses rondes et une taille serrée. • Elle présente des mouvements rigides, une mâchoire bien définie et un cou tendu, reflétant sa tension interne.
Les comportements d'auto-défense adoptés :	**L'impact verbal / le vocabulaire créé par cette blessure :**
• **Froideur :** La froideur dans ses relations n'est pas toujours reconnue, car elle se considère comme une personne chaleureuse qui cherche à créer de l'harmonie. • **Fidélité :** Elle est fidèle envers ses amis et tente de maintenir une certaine équité dans ses relations.	Elle utilise fréquemment des expressions montrant son besoin de perfection et de contrôle : • « Pas de problème » • « Toujours/Jamais » • « Très bien » • « Exactement » • « Sûrement »

LES ASPECTS DE LA BLESSURE D'INJUSTICE

Aspects négatifs (lorsqu'elle n'est pas réglée) de l'individu :

- La personne paraît froide, brusque, avec des mouvements secs.
- Elle est perfectionniste, colérique, impatiente et très auto-critique.
- Elle ne respecte pas ses propres limites, se poussant constamment.

Aspects positifs (une fois la blessure guérie) de l'individu :

- Elle devient ordonnée, capable de produire un travail précis et soigné.
- Elle sait veiller aux détails et est excellente pour expliquer ou enseigner clairement.
- Sensible et attentive, elle sait quand agir et quoi dire au bon moment.
- Elle devient une personne vivante et enthousiaste, capable de faire face à des situations difficiles sans se laisser abattre.

LES SCHÉMAS RÉPÉTITIFS POSSIBLES :

- **Auto-exigence :** Elle se fixe des attentes irréalistes, se condamnant à être parfaite et ressentant une pression constante pour atteindre des normes élevées, ce qui la laisse épuisée et frustrée.
- **Auto-critique :** Elle se dévalorise en se concentrant uniquement sur ses erreurs et ses échecs, se qualifiant d'« incapable » ou « incompétente », et négligeant ses réussites et ses qualités.
- **Rigidité comportementale :** Elle s'impose des comportements rigides pour éviter l'échec, ce qui la rend inflexible dans ses relations et ses choix de vie, l'isolant ainsi des autres.
- **Fuite de ses besoins :** Elle ignore ses propres désirs et besoins émotionnels, pensant que ceux des autres sont plus importants, et se sent coupable de vouloir prendre du temps pour elle-même.
- **Impuissance :** Elle ressent une incapacité à exprimer ses émotions ou ses opinions, se sentant oppressée par la peur de ne pas être entendue ou comprise, et évitant ainsi les conflits.
- **Perfectionnisme :** Elle se met une pression immense pour être « toujours » à la hauteur, développant une peur de l'échec qui l'empêche de prendre des risques ou d'essayer de nouvelles expériences.

Dans la catégorie associée aux comportements de fuite, on retrouve :

◉ La blessure de l'abandon :

La blessure de l'abandon est une profonde souffrance émotionnelle, caractérisée par une peur omniprésente de la solitude et du vide affectif. Elle se manifeste souvent par des comportements de dépendance affective, où la personne recherche constamment l'attention et la validation des autres pour combler ce sentiment de manque. Cette blessure trouve généralement ses racines dans l'enfance, entre 1 et 3 ans, lorsque l'enfant ressent un manque d'attention, de soutien ou d'amour émotionnel, souvent lié au parent du sexe opposé. Face à cette peur d'être à nouveau abandonnée, la personne adopte souvent un comportement de fuite. Elle peut éviter les relations trop engagées ou les responsabilités émotionnelles, craignant de revivre la douleur de la séparation ou de l'isolement.

Impact social :	Les comportements d'auto-défense adoptés :
• Difficulté à prendre des décisions seul, sentiment de dépendance. • Larmes faciles, attirant la pitié des autres. • Voix douce, presque enfantine, et humeur instable (pouvant ressembler à des traits bipolaires).	• Recherche constante d'attention, devenant dépendant de l'autre très rapidement. • Difficulté à accepter un refus, ou à se faire dire « non ». • Demande fréquemment conseil, mais ne suit pas toujours les recommandations reçues.
L'impact physique de cette blessure :	**L'impact verbal / le vocabulaire créé par cette blessure :** **Expressions fréquentes traduisant la souffrance :**
• Corps souvent long, mince, manquant de tonus. • Affaissement corporel : dos courbé, jambes faibles, bras qui pendent de façon relâchée. • Certaines parties du corps peuvent paraître tombantes ou flasques.	• « Je suis seul » • « Je ne supporte pas » • « Je me fais bouffer » • « On ne me lâche pas »

LES ASPECTS DE LA BLESSURE D'ABANDON

1 - Aspects négatifs (lorsqu'elle n'est pas réglée) de l'individu :

- **Victimisation :** tendance à se considérer comme une victime des circonstances.
- **Dépendance :** besoin des autres pour prendre des décisions.
- **Soumission :** manque d'affirmation de soi, tendance à se plier aux autres.
- **Dépendance sexuelle :** recherche de validation à travers des relations physiques.
- **Humeur changeante :** émotions fluctuantes et instables.
- **Larmes faciles :** pleure souvent pour attirer l'attention.
- **Besoin constant de présence physique :** difficulté à rester seul, besoin d'être entouré.
- **Dramatisation :** a tendance à amplifier les situations et à tout rendre plus dramatique qu'il ne l'est réellement.

2 - Aspects positifs (une fois la blessure guérie) de l'individu :

- **Clarté des désirs :** sait précisément ce qu'il veut.
- **Persévérance :** tenace dans ses demandes et déterminé à obtenir ce qu'il désire.
- **Talents d'acteur :** habilité à capter l'attention des autres, possède souvent un don pour la comédie.
- **Joie de vivre :** d'un naturel gai, enjoué, et sociable, il inspire la bonne humeur autour de lui.
- **Sensibilité et empathie :** capacité à comprendre comment les autres se sentent, et à les aider en fonction de leurs besoins.
- **Utilisation des dons psychiques :** une fois les peurs maîtrisées, sait utiliser ses intuitions à bon escient.
- **Talents artistiques :** possède souvent un don créatif ou artistique.
- **Besoin de solitude :** bien que sociable, apprécie et reconnaît l'importance des moments de solitude pour se ressourcer.

LES SCHÉMAS RÉPÉTITIFS POSSIBLES :

- **Abandon des projets personnels :** tendance à laisser tomber des projets qui lui tiennent à cœur, par manque d'attention à soi-même.
- **Auto-négligence :** ne s'occupe pas suffisamment de lui-même, se laissant aller.
- **Dépendance affective :** attire des relations de dépendance affective, s'accrochant trop aux autres au point de les effrayer, et finit par provoquer leur départ.
- **Création de maladies :** souffrance physique ou maladies créées inconsciemment pour attirer l'attention sur lui.

◉ La blessure de rejet :

La blessure du rejet est une souffrance émotionnelle profonde, intimement liée au sentiment de ne pas avoir le droit d'exister ou de trouver sa place. Elle se développe souvent de la conception jusqu'à l'âge de 1 an, en relation avec le parent du même sexe, lorsque l'enfant se sent indésirable ou perçoit un manque d'accueil affectif. Ce sentiment peut découler de diverses situations, telles qu'une grossesse non désirée, un placement en famille d'accueil, ou une éducation froide et distante de la part de ce parent. Face à cette blessure, l'individu réagit souvent par un comportement de fuite, cherchant à éviter toute confrontation avec la possibilité d'être rejeté ou non accepté. Il peut alors se retirer des relations ou des situations où il ressent le risque d'être mis à l'écart, s'éloignant ainsi des interactions qui pourraient raviver ses blessures émotionnelles.

Impact social :	L'impact physique de cette blessure :
• **Détachement matériel :** La personne affectée est souvent détachée des possessions matérielles, car elle n'y trouve pas de source de confort ou de sécurité. • **Perfectionnisme et intellectualisme :** Elle cherche à se réfugier dans la perfection et l'intellect pour compenser le sentiment de rejet. • **Solitude et rêverie :** Elle peut être très solitaire, préférant se réfugier dans son imaginaire ou « partir dans la lune ».	• **Corps contracté et mince :** Souvent mince ou ayant l'apparence « fragmentée », son corps semble vouloir se faire tout petit pour échapper à l'attention. • **Petits yeux craintifs :** Un regard exprimant la peur, parfois caché derrière un « masque » qui dissimule ses véritables émotions.
Les comportements d'auto-défense adoptés :	**L'impact verbal / le vocabulaire créé par cette blessure :**
• **Fuite des conflits :** Dès que la situation devient émotionnellement complexe, elle disparaît ou s'échappe, parfois littéralement, sans donner de nouvelles. • **Auto-sabotage :** Elle se rabaisse et se sous-estime constamment, convaincue de ne pas mériter l'amour ou l'attention.	**Expressions fréquentes traduisant la souffrance :** • « Je suis nul » • « Je suis invisible » • « Je ne suis rien » • « Je dois disparaître »

LES ASPECTS DE LA BLESSURE DU REJET

Aspects négatifs (lorsqu'elle n'est pas réglée) de l'individu :

- Accusation des autres : Tendance à accuser les autres de le rejeter, sans reconnaître que cette blessure est intérieure.
- Difficultés dans la sexualité : Relation compliquée avec le corps et l'intimité, pouvant entraîner des blocages ou de la froideur.
- Colère projetée : Colère souvent dirigée vers les autres, mais aussi intérieurement refoulée, ce qui aggrave la souffrance.
- Fuite émotionnelle : La personne se coupe de ses émotions pour éviter de ressentir la douleur du rejet.
- Dépendances : Fuit avec des compensations comme l'alcool, la drogue, ou les excès de sucre.
- Problèmes alimentaires : Peut manifester une tendance à manger très peu, avec une prédisposition à l'anorexie.
- Difficulté à trouver sa place : Éprouve une grande difficulté à prendre sa place dans un groupe ou à se sentir légitime.

Aspects positifs (une fois la blessure guérie) de l'individu :

- Débrouillardise : Développe une grande autonomie et sait se débrouiller seul dans presque toutes les situations.
- Créativité et imagination : Grande capacité à imaginer, inventer, et créer des solutions originales.
- Efficacité : Méthodique et efficace dans ses actions, avec une capacité à bien organiser son temps et ses projets.
- Autonomie : Apte à travailler seul sans ressentir le besoin de validation extérieure.
- Résilience : Capable de réagir rapidement en cas de problème et de savoir quoi faire sans paniquer.
- Endurance : Développe une grande force intérieure et une capacité à supporter des épreuves difficiles.
- Capacité à prendre sa place : Une fois guérie, la personne sait s'affirmer, prendre sa place, et montrer sa valeur dans les relations et les projets.

LES SCHÉMAS RÉPÉTITIFS POSSIBLES :

- **Fuite des situations complexes :** Lorsqu'une situation devient trop compliquée ou émotionnellement lourde, la personne fuit, disparaît du jour au lendemain, parfois sans donner de nouvelles. Elle peut couper les ponts avec des personnes, des projets ou des engagements sans explication.
- **Auto-rejet :** Si elle vit une situation de rejet, notamment avec une personne du sexe opposé, elle tend à se rejeter elle-même, renforçant ainsi la colère et la souffrance intérieure.
- **Colère intériorisée :** Ce rejet personnel provoque une colère qu'elle refoule souvent, s'auto-accusant et alimentant son mal-être.

◉ La blessure d'humiliation :

La blessure de l'humiliation est une souffrance émotionnelle profondément ancrée, résultant de l'expérience de contrôle et de limitation imposée par le parent responsable du développement physique de l'enfant, généralement la mère. Elle se manifeste entre 1 et 3 ans, période durant laquelle l'enfant ressent une entrave à sa liberté et peut se sentir rabaissé ou humilié. Face à cette douleur, l'individu développe souvent des mécanismes de défense pour se protéger de la honte et de la dévalorisation. Cette blessure peut également engendrer un comportement de fuite, où la personne préfère s'éloigner des situations où elle se sent exposée ou jugée. Cela peut se traduire par une tendance à se cacher, à éviter de se mettre en avant, ou à désirer disparaître pour échapper à la peur du jugement et de l'humiliation.

Impact social :	L'impact physique de cette blessure :
• **Sentiment de honte :** La personne affectée peut ressentir une honte chronique de qui elle est, se percevant souvent comme « sale » ou « malpropre ». • **Responsabilités excessives :** Elle a tendance à prendre beaucoup de responsabilités, comme si elle devait constamment prouver sa valeur aux autres. • **Lenteur :** N'aime pas aller vite, car la rapidité peut la rendre vulnérable ou lui donner le sentiment de perdre le contrôle.	• **Corpulence :** Cette blessure peut se manifester par une apparence rondelette ou lourde, avec un cou épais et bombé, des tensions dans la gorge, les mâchoires, le pelvis, et un visage rond, souvent ouvert.
Les comportements d'auto-défense adoptés :	**L'impact verbal / le vocabulaire créé par cette blessure :**
• **Recherche de validation :** Elle tente sans cesse de prouver qu'elle est digne, méritante, et cherche à contrôler les autres pour éviter d'être humiliée. • **Attitude maternelle :** Prend soin de son entourage au point de se transformer en figure maternelle, souvent pour combler son propre besoin de contrôle.	**Expressions fréquentes traduisant la souffrance :** • « Être digne » • « Être indigne » • « Petit » • « Gros »

LES ASPECTS DE LA BLESSURE DE L'HUMILIATION

Aspects négatifs (lorsqu'elle n'est pas réglée) de l'individu :

- Ignorer ses besoins : La personne ne s'autorise pas à exprimer ses besoins ou à les combler, souvent par crainte de liberté ou d'égoïsme.
- Mal à l'aise avec la sensualité et la sexualité : Peut ressentir une gêne importante dans ces domaines, se punissant de vivre des plaisirs sensuels ou sexuels.
- Auto-punition : Se punit mentalement ou physiquement en s'empêchant de vivre des expériences plaisantes, par peur d'être jugée ou de perdre le contrôle.
- Contraintes et obligations : Se crée des contraintes constantes, en acceptant plus de responsabilités qu'elle ne peut en gérer, souvent pour prouver sa valeur.
- Sacrifice de soi : S'oublie pour rendre service aux autres, se plie en quatre pour être utile, quitte à dépasser ses propres limites.
- Lenteur : Peut adopter un comportement pantouflard ou devenir très lente dans ses actions, pour éviter de se confronter à sa peur de l'échec ou du jugement.

Aspects positifs (une fois la blessure guérie) de l'individu :

- Conscience des besoins : Elle reconnaît ses besoins et sait les satisfaire, sans culpabilité ou honte.
- Capacité d'organisation : Développe un talent naturel pour organiser et gérer des tâches complexes de manière efficace.
- Générosité : Elle devient généreuse, altruiste, et capable de donner sans s'oublier.
- Liberté dans l'amour et la sexualité : Se sent libre de vivre et de profiter de sa sensualité et de sa sexualité sans honte ni retenue.
- Dignité et fierté : Elle développe un profond sentiment de dignité et de fierté, sans arrogance, et sait reconnaître sa propre valeur.
- Médiation : Très bon médiateur et conciliateur, elle sait apaiser les tensions et faciliter la communication entre les autres.
- Respect de la liberté : Une fois libérée de sa peur de l'humiliation, elle respecte la liberté des autres tout en assumant la sienne.
- Aventurière : Elle ose devenir audacieuse, entreprenante et aventurière, n'ayant plus peur de se confronter à l'inconnu ou à la nouveauté.

LES SCHÉMAS RÉPÉTITIFS POSSIBLES :

- **Auto-dénigrement :** Elle se rabaisse constamment, se comparant aux autres en se dévalorisant, et s'accuse de traits négatifs comme être « grosse », « inutile », ou « profiteuse ».
- **Auto-humiliation :** Elle s'humilie en portant des vêtements qui ne la mettent pas en valeur, ou en adoptant des comportements qui renforcent sa honte.
- **Excès alimentaires :** Elle fait souffrir son corps en le surchargeant de nourriture, créant ainsi une sorte de punition corporelle pour ses propres sentiments d'indignité.
- **Surcharge de responsabilités :** Elle prend sur elle les responsabilités des autres, se privant ainsi de sa propre liberté et de temps pour elle-même.

Identifier ses blessures émotionnelles

Marquons une courte pause pour entrer dans les rouages silencieux de votre mécanisme émotionnel. C'est ici que vous allez commencer à mettre des mots sur des maux et à avoir des révélations et des prises de conscience sur qui vous êtes et ce que vous faites.

Avant de réaliser ce questionnaire, je vous invite à vous installer dans un endroit calme, dans lequel personne ne vous dérangera et à effectuer cet exercice de respiration. Cela vous aidera à vous détacher du mental, de l'égo et à entrer dans un état de conscience qui vous connectera à vos émotions.

1. Asseyez-vous en tailleur ou allongez-vous confortablement

2. Fermez les yeux et posez les mains sur vos cuisses

3. Inspirez en comptant jusqu'à 4

4. Bloquez votre respiration en comptant jusqu'à 4

5. Expirez en comptant jusqu'à 4

6. Répétez 4 fois

7. Une fois terminé, prenant quelques secondes de respiration naturelle, yeux fermés puis revenez tranquillement à vous et démarrez l'exercice

Maintenant, je vous invite à répondre avec honnêteté, prenez le temps pour chaque question d'imaginer la situation et si cela est possible, de vous remémorer un moment similaire que vous avez déjà vécu.

QUESTION 1 :

Imaginez que vous êtes au travail et que votre supérieur passe beaucoup de temps à féliciter un(e) collègue pour un projet, sans jamais mentionner votre contribution. Quelle pensée vous vient en premier à l'esprit ?

A. « Je ne devais pas être assez important(e) dans ce projet pour qu'on me remarque. »

B. « Encore une fois, je suis laissé(e) de côté, c'est comme si je n'existais pas. »

C. « J'ai sûrement fait une erreur ou je n'ai pas assez bien travaillé. »

D. « Ils ne sont pas justes, j'aurais mérité plus de reconnaissance. »

E. « C'est tellement injuste, j'ai autant travaillé que lui/elle. »

QUESTION 2 :

Parvenez-vous à dire « non » à un proche lorsque vous êtes épuisé(e) ?

A. Je n'ai aucun mal à dire non, je protège mon espace.

B. C'est parfois difficile, mais j'arrive à dire non quand c'est important.

C. Ça dépend, je dis non, mais je culpabilise souvent.

D. C'est compliqué pour moi, je finis souvent par dire oui, même si je ne le veux pas.

E. Je dis toujours oui, je n'arrive pas à poser des limites claires.

QUESTION 3 :

Vous avez préparé un dîner spécial pour votre partenaire, mais il/elle arrive en retard et semble désintéressé(e). Comment vous sentez-vous à ce moment-là ?

A. Vous avez l'impression que vos efforts ne comptent pas et vous vous sentez invisible.

B. Vous vous sentez blessé(e) et triste, comme si vous faisiez tout pour rien.

C. Vous commencez à vous demander si vous avez fait quelque chose de mal pour mériter ça.

D. Vous êtes déçu(e) et ressentez un manque de respect envers vos efforts.

E. Vous êtes très frustré(e) et trouvez cette situation injuste après tant d'efforts.

QUESTION 4 :

Vous assistez à une réunion de famille, mais on parle peu avec vous et vous vous sentez légèrement exclu(e). Que faites-vous ?

A. Vous vous isolez encore plus, en pensant que vous n'avez pas vraiment votre place ici.

B. Vous ressentez un grand vide et une tristesse profonde de ne pas être plus intégré(e).

C. Vous vous interrogez : « Est-ce que j'ai fait quelque chose qui les met mal à l'aise ? »

D. Vous commencez à penser que la famille ne vous respecte pas assez pour vous inclure davantage.

E. Vous bouillonnez intérieurement, vous trouvez cette attitude injuste et irrespectueuse.

QUESTION 5 :

Dans quelle mesure vous remettez-vous souvent en question après une dispute avec un proche ?

A. Je ne me remets que rarement en question, je suis généralement confiant(e) dans mes choix.

B. Je réfléchis un peu, mais je pense que c'est souvent moi qui suis le/la plus blessé(e).

C. Je me sens coupable, je pense toujours que j'ai dit ou fait quelque chose de mal.

D. Je pense que l'autre personne aurait dû agir différemment et que c'est surtout sa faute.

E. Je suis frustré(e), car je me sens trahi(e) et non respecté(e).

QUESTION 6 :

Vous réalisez un projet en équipe, mais vous n'avez pas été informé(e) de certains changements importants. Comment réagissez-vous ?

A. Vous avez l'impression qu'on vous a délibérément écarté(e).

B. Vous vous sentez seul(e) et abandonné(e) dans cette situation.

C. Vous vous demandez si vous avez fait quelque chose de mal pour être mis(e) de côté.

D. Vous trouvez cela profondément injuste que vous n'ayez pas été inclus(e).

E. Vous ressentez un manque de loyauté et avez l'impression d'être trahi(e) par vos coéquipiers.

QUESTION 7 :

Lors d'un échange tendu, quelqu'un vous accuse d'avoir agi de manière incorrecte. Comment réagissez-vous intérieurement ?

A. Vous vous sentez immédiatement rejeté(e) et vous vous refermez.

B. Vous vous sentez très seul(e) et mal compris(e), ce qui vous rend triste.

C. Vous vous sentez profondément coupable et honteux(se), même si vous n'êtes pas sûr(e) d'avoir tort.

D. Vous ressentez une grande injustice, car vous pensez avoir agi de la meilleure manière possible.

E. Vous avez l'impression que la personne essaie de vous manipuler et vous trahir.

QUESTION 8 :

Dans vos relations amicales, qu'est-ce qui vous blesse le plus ?

A. Que vos amis vous oublient ou ne vous invitent pas.

B. Qu'ils ne soient pas là quand vous avez besoin d'eux.

C. Qu'ils se moquent de vous ou rient de vos faiblesses.

D. Qu'ils vous traitent de manière injuste ou partiale.

E. Qu'ils vous déçoivent en brisant leur promesse ou en ne tenant pas leur parole.

QUESTION 9 :

Si vous devez accomplir une tâche que vous ne maîtrisez pas encore bien, comment vous sentez-vous ?

A. Vous avez peur de ne pas être à la hauteur et de ne pas réussir.

B. Vous avez peur d'échouer et que personne ne soit là pour vous aider.

C. Vous êtes inquiet(e) de faire des erreurs qui pourraient vous ridiculiser.

D. Vous êtes frustré(e) si vous avez l'impression qu'on ne vous a pas donné les moyens de réussir.

E. Vous avez peur que les autres vous trahissent ou ne tiennent pas leurs engagements.

QUESTION 10 :

Comment réagissez-vous lorsque quelqu'un critique votre travail en public ?

A. Vous vous sentez immédiatement rejeté(e) et vous avez envie de partir.

B. Vous vous sentez abandonné(e) et vulnérable, comme si personne ne vous soutenait.

C. Vous avez honte, vous sentez que vous avez déçu tout le monde.

D. Vous trouvez la critique injuste et avez du mal à l'accepter.

E. Vous ressentez une trahison, surtout si c'est quelqu'un que vous respectiez.

INTERPRÉTATION DES RÉSULTATS :

Nombre de réponses A : ....

Nombre de réponses B : ....

Nombre de réponses C : ....

Nombre de réponses D : ....

Nombre de réponses E : ....

A : Rejet – « Je ne suis pas assez bien »

Si vous avez répondu majoritairement « A », vous avez sûrement cette impression d'être de trop, de ne jamais vraiment trouver votre place. Dès qu'une situation laisse planer le doute, votre cerveau s'emballe : « Et s'ils ne voulaient pas vraiment de moi ? » Vous avez appris à vous faire petit(e), à éviter de déranger, à fuir avant qu'on ne vous mette dehors. Mais à force de vouloir être invisible, vous vous privez de relations sincères et profondes.

B : Abandon – « Je finirai toujours seul(e) »

Si la majorité de vos réponses est « B », l'idée d'être laissé(e) de côté vous hante. Dès qu'une personne semble prendre de la distance, c'est la panique : « Ça y est, je l'ai perdu(e) ». Vous en faites peut-être trop pour être aimé(e), ou au contraire, vous coupez court dès que vous vous attachez, histoire d'éviter la douleur. Ce besoin d'être rassuré(e) en permanence vous épuise… et finit par fatiguer les autres aussi.

C : Humiliation – « J'ai honte d'être moi »

Si vous avez principalement choisi « C », vous connaissez bien cette sensation d'être jugé(e), moqué(e), rabaissé(e). Peut-être que vous en riez pour désamorcer la gêne, ou alors vous vous cachez derrière une armure pour ne rien laisser paraître. Vous prenez sur vous, acceptez l'inacceptable, de peur d'être exposé(e) aux critiques. Mais à force de vous brider, vous oubliez votre propre valeur.

D : Injustice – « Si je ne suis pas parfait(e), on ne m'aimera pas »

Si vous avez majoritairement répondu « D », vous êtes du genre à tout contrôler, tout anticiper, pour éviter les déceptions. L'injustice vous révulse. Vous avez horreur qu'on vous critique sans raison, et vous avez appris à ne rien montrer, parce que « pleurer, c'est pour les faibles ». Perfectionniste, exigeant(e), vous vous mettez une pression monstre, au point d'en oublier que vous avez, vous aussi, le droit d'être imparfait(e).

E : Trahison – « Je ne fais confiance à personne »

Si vos réponses se concentrent sur « E », vous avez du mal à lâcher prise. Vous sentez toujours qu'on pourrait vous la faire à l'envers. Du coup, vous contrôlez, vous testez, vous observez… mais vous finissez souvent déçu(e). Dès que quelqu'un vous trahit – même un peu – c'est fini, rideau. Vous préférez être seul(e) que mal entouré(e). Mais à force de tout verrouiller, vous passez peut-être à côté de relations sincères.

★ ★ ★

LE SYSTÈME DE CROYANCES

Quand on vit une blessure émotionnelle, elle ne laisse pas que de la douleur, elle crée aussi des mécanismes de protection, qu'on appelle des croyances. Ces croyances cherchent à nous protéger et à donner un sens à ce qu'on a vécu, mais elles influencent aussi nos comportements, même quand la situation ne présente plus aucun danger.

Ces croyances créées se structurent par le biais d'un système : un ensemble d'idées et de pensées qui influencent notre façon de voir le monde. Certaines d'entre elles nous aident, mais d'autres peuvent nous bloquer. Parfois, elles viennent de nos propres expériences et blessures émotionnelles, mais elles peuvent aussi nous être transmises par la société, nos ancêtres ou par des figures d'autorité.

Il faut voir le système de croyances un peu de la même manière qu'un arbre. Vous êtes le tronc, les racines sont vos ancêtres et les branches qui se déploient tout autour du sommet de votre tronc, représentent les différents domaines de votre vie. À l'intérieur de chaque branche principale, se trouvent de nombreuses petites branches qui se mélangent les unes aux autres. Ce sont les croyances que vous avez intégrées en vous et qui définissent la couleur et la forme du feuillage de chacune de vos branches. C'est-à-dire, la façon avec laquelle vous aborder chaque domaine de votre vie (vos décisions, vos réactions, vos avis, etc).

VOUS
VIE SENTIMENTALE
VIE PROFESSIONNELLE
VIE RELATIONNELLE
ANCÊTRES
ANCÊTRES
ANCÊTRES
ANCÊTRES

La société tout entière participe à ce processus. L'école, les amis, les expériences de vie, les médias, tous ces éléments viennent modeler nos croyances et notre vision du monde.

Notre système de croyances n'est pas uniquement constitué de conditionnements qui nous desservent. Parmi tout ce qui nous a été légué, certaines croyances nous élèvent et méritent d'être préservées. D'autres, en revanche, nous freinent et ralentissent notre évolution. L'enjeu est donc de les identifier, de les remettre en question et de les transformer : faire de ces croyances limitantes des croyances créatrices, capables de nous propulser vers le haut. La bonne nouvelle, c'est que nous avons le pouvoir de revisiter ces croyances, de les réécrire et de choisir consciemment celles que nous souhaitons transmettre à notre tour.

Heureusement, nous ne récupérons pas toutes les croyances de ce qui nous entoure, sinon notre esprit serait totalement saturé. Pour qu'une croyance s'enracine profondément en nous, il faut que la personne ou la source qui nous la transmette ait une influence suffisamment forte sur nous. Cela signifie que nous percevons cette source comme une figure d'autorité, quelqu'un dont les paroles ou les enseignements sont perçus comme des vérités absolues, et elles ne se limitent pas à nos parents. Ces figures d'autorité peuvent être variées : un professeur, une célébrité, un ami proche ou même un média. Elles incarnent souvent des modèles pour nous, c'est pourquoi leurs croyances peuvent s'installer si facilement dans notre esprit.

Ce qu'il est aussi important de comprendre, c'est qu'une croyance qui nous limite, quelle qu'elle soit, est toujours générée par une peur. Cette peur est un mécanisme naturel qui permet à la croyance de rester intacte dans notre système de pensées. Elle nous empêche de sortir de ce que l'on appelle notre « zone de confort ». Le cerveau, dans son rôle de protecteur, n'a qu'un objectif : nous maintenir à l'abri du danger. Il n'a aucune envie de nous pousser à prendre des risques ou à nous exposer à des situations qui pourraient potentiellement nous blesser émotionnellement ou physiquement. Résultat, nos croyances deviennent un cadre rassurant, même si elles ne reflètent pas forcément une réalité universelle.

Ce mécanisme de protection, qui a été crucial pour la survie de notre espèce il y a des millénaires, continue de nous influencer aujourd'hui. À une époque, nos peurs étaient indispensables pour éviter des dangers réels et immédiats, comme les prédateurs. Mais de nos jours, nos peurs se manifestent à travers des croyances limitantes qui freinent notre épanouissement personnel. Il est important de noter que ceux qui nous transmettent ces croyances - nos parents, nos professeurs, ou nos proches - ne le font pas pour nous limiter, mais pour nous protéger. En nous léguant leurs peurs, ils espèrent nous garder à l'abri de ce qu'ils perçoivent comme des dangers, mais ces peurs deviennent des cordes invisibles qui restreignent notre capacité à expérimenter la vie par nous-mêmes.

Notre système de croyances est composé de trois niveaux principaux formant les grandes branches de notre arbre intérieur : les croyances de base, les croyances transgénérationnelles et les croyances historiques. Chacune de ces catégories contribue à façonner notre vision du monde et influence profondément nos comportements et nos choix.

- Les croyances de base -

C'est dans ce niveau que se trouvent toutes les croyances qui ont été conditionnées durant l'enfance (entre 0 et 14 ans). C'est à ce moment-là que le cerveau se construit et que les figures d'autorité ont un impact considérable dans sa construction.

Dans ce niveau, les croyances se créent via une source extérieure. Cette source peut être soit une figure d'autorité, soit des blessures émotionnelles générées par des événements traumatiques que l'on a vécus *(harcèlement scolaire, violence psychologique ou physique, etc...)*. Elles se construisent aussi à travers nos expériences de vie et façonnent la manière dont nous voyons le monde. Les croyances qui dépendent de ce niveau peuvent être très ancrées car elles ont considérablement impacté la vision du monde et de l'être de l'enfant.

- Les croyances transgénérationnelles -

Au sein de ce niveau, nous retrouvons les croyances qui traversent les générations au sein d'une même lignée familiale. Elles sont héritées des parents, grands-parents, et arrière-grands-parents, qui se sont ensuite perpétuées de manière plus ou moins consciente. Elles se transmettent comme un bagage émotionnel et psychologique d'une génération à l'autre parfois sans que nous en ayons conscience.

Ce qui se transmet ici n'est pas la blessure elle-même mais bien les croyances qu'elle a générées. Par exemple, une personne qui a vécu la blessure du rejet peut avoir intégré dans son système de croyances qu'il faut cacher sa vulnérabilité pour ne pas souffrir, et transmettre cette idée à ses enfants. Ces derniers adopteront alors cette croyance sans pour autant avoir vécu le traumatisme du rejet.

Les traumatismes qui les accompagnent n'appartiennent donc pas à l'individu en lui-même, mais à la personne de la lignée qui a vécu une blessure émotionnelle, c'est l'élément X. Pour cette raison, il est essentiel de remonter à la racine de ces croyances, à savoir la première personne qui a vécu la blessure et généré les croyances associées et qui ont été transmises à ses descendants.

Ces croyances transgénérationnelles sont parfois silencieuses, elles peuvent sauter plusieurs générations, ou affecter uniquement les femmes ou les hommes d'une lignée. Tout dépendra de l'éducation et des liens entre les membres de celle-ci.

- Les croyances historiques -

À ce niveau, se trouvent les croyances façonnées par l'éducation sociétale, le pays où nous vivons et sa culture. Elles sont profondément influencées par les normes et les valeurs transmises par la société dans laquelle nous évoluons. Les traumatismes qui les alimentent n'appartiennent pas à l'individu en tant que tel, mais sont le reflet des expériences et des attentes collectives, comme les guerres, les attentats, et d'autres événements marquants. Cela signifie que beaucoup d'entre nous partagent un socle commun de croyances issues de cette sphère sociétale, qui peuvent varier en fonction de la génération à laquelle nous appartenons.

Cependant, ces croyances ne sont pas immuables. Grâce aux évolutions culturelles récentes, comme la montée en puissance des mouvements pour l'égalité et l'inclusion, de nombreuses croyances sociétales sont en cours de déconstruction. Peut-être avez-vous remarqué que dans votre entourage, les discussions sur le bonheur et le succès se sont élargies, prenant en compte des définitions plus variées et plus personnelles. Les confinements liés aux pandémies ont également poussé de nombreuses personnes à reconsidérer leurs priorités et à chercher un meilleur équilibre entre travail et vie personnelle. Vous avez certainement ressenti ce changement dans votre façon de voir la vie après ces bouleversements.

Les croyances historiques peuvent aussi être liées aux croyances transgénérationnelles, celles héritées de nos ancêtres. Tout dépend de son origine et de sa source. Si une croyance trouve sa racine dans un traumatisme vécu par un membre de votre lignée familiale, elle sera considérée comme transgénérationnelle. En revanche, si elle découle d'un conditionnement collectif propre à la société dans laquelle vous vivez *(comme une guerre)*, elle appartient au niveau historique.

Les catégories de transmission des mémoires émotionnelles

Au delà des croyances qui peuvent se transmettre, les blessures émotionnelles qui créent des « marques » au sein de l'individu peuvent elles aussi laisser des traces invisibles qui peuvent se retrouver directement dans l'ADN d'une lignée et affecter l'état psychologique de ses descendants, si elles ne sont pas conscientiser et travaillé par celui qui la porte. Comme une maladie qui se transmet de génération en génération au sein de la lignée, à la différence que l'héritage émotionnel dont nous parlons ici peut se stopper et arrêter sa propagation. Ces transmissions ne se font pas toujours consciemment, par des gestes, des comportements ou même des non-dits, qui reflètent la douleur ou la peur non résolues d'un individu.

Il y a deux grandes catégories de transmission des mémoires émotionnelles :

TRANSMISSION DES MÉMOIRES TRANSGÉNÉRATIONNELLES

Les mémoires transgénérationnelles sont celles qui nous sont transmises par nos ancêtres. Avant d'entrer dans le vif du sujet, j'aimerais éclaircir ce terme. Introduit dans les années 1970 par Anne Ancelin Schützenberger[9], pionnière de la psychogénéalogie, le concept de « transgénérationnel » explore la transmission des valeurs et blessures au sein d'une famille, d'une génération à l'autre. La psychogénéalogie aide à identifier ces « loyautés invisibles » ou fardeaux hérités pour permettre aux individus de mieux comprendre et potentiellement se libérer des répétitions familiales limitantes.

Les non-dits, les violences, et les souffrances émotionnelles, souvent dissimulées derrière des secrets de famille, laissent des marques indélébiles qui peuvent se transmettre dans l'ADN de nos enfants, et ce, jusqu'à trois générations après nous. Ce constat, à la fois troublant et révélateur, provient des avancées de l'épigénétique, un domaine scientifique qui étudie les modifications qui s'inscrivent dans nos gènes en réponse à l'environnement.

Une étude marquante a été menée auprès de femmes enceintes vivant à Rio de Janeiro. De nombreuses participantes avaient subi des violences, y compris des agressions physiques et sexuelles, ce qui avait profondément marqué leur psyché. Ces blessures émotionnelles et les croyances négatives qu'elles engendraient influençaient non seulement leur bien-être, mais aussi celui de leurs enfants. En comparant le sang des femmes enceintes à celui de leurs nouveaux-nés, les cher-

9 Anne Ancelin Schützenberger, *Psychogénéalogie - guérir les blessures familiales et se retrouver en soi*, éditions Payot, 2007.

cheurs ont mis en évidence des modifications de leur empreinte génétique, témoignant d'un haut niveau de stress psychologique, présent dans leur ADN. En revanche, les femmes enceintes issues de milieux plus favorisés, sans traumatismes significatifs, ne présentaient pas ces modifications dans leur ADN ni chez leurs enfants. Cette étude met en lumière la manière dont les traumatismes vécus par les mères peuvent laisser une empreinte biologique durable sur leurs enfants, soulignant ainsi les liens complexes entre l'environnement, la biologie et la santé mentale. Elle nous rappelle l'importance de prendre en compte les effets du stress et des traumatismes dans nos approches de la santé mentale, révélant que les blessures émotionnelles ne se contentent pas de s'arrêter à une génération, mais peuvent se transmettre d'une génération à l'autre.

Mais comment ? Il existe deux façons de transmettre ces traumatismes à nos enfants : **la transmission consciente** et **la transmission inconsciente**. Chacune possède ses propres mécanismes, mais toutes deux impactent profondément le descendant, souvent à des niveaux qu'il ignore.

- La transmission inconsciente -

Également appelée « héritage psychologique invisible », la première transmission est celle de l'ombre, elle échappe à la conscience de l'ancêtre autant qu'à celle du descendant. Ici, les blessures ne sont pas nommées, encore moins soignées. Elles s'enracinent dans ce qu'on appelle les *secrets de famille*, ces traumas tus et verrouillés, enfouis si profondément qu'ils se transforment en un silence pesant. Pourtant, ce silence ne les rend pas inoffensifs. On peut y retrouver des événements traumatiques comme :

- Les grossesses interrompues, qu'elles soient volontaires ou involontaires, créées souvent une empreinte énergétique et émotionnelle au sein de la lignée. Ces traces peuvent engendrer des blocages émotionnels subtils et invisibles chez les descendants.
- Les liens rompus entre un parent et son enfant, dus à des absences, des abandons ou des relations distantes non résolues, qui tendance à se reproduire inconsciemment à travers les générations, créant des schémas répétitifs.
- Certaines phobies ou angoisses inexplicables, qui semblent sans lien avec l'histoire personnelle d'un individu et peuvent trouver leur origine dans une mémoire émotionnelle transmise par ses ancêtres.

Souvent, ces traumatismes sont tus volontairement par les personnes qui les vivent afin de les oublier ou de ne plus les subir mais malheureusement, la transmission reste présente sans que cela soit volontaire de la part de l'ancêtre. Ces transmissions, façonnent la manière de réagir, les choix, et parfois même les blessures de celui qui les hérite sans qu'il ne puisse les relier à une source identifiable.

- La transmission consciente -

À l'opposé, la transmission consciente est davantage identifiable. Ici, l'ancêtre agit ou parle, et ces actions deviennent des modèles visibles pour le descendant. Il peut s'agir de mots, d'attitudes ou de choix répétitifs qui traduisent des blocages ou des schémas familiaux toxiques. Ce qui est transmis, bien que perceptible, peut néanmoins s'infiltrer dans l'inconscient du descendant. Il voit le schéma, le reconnaît, mais finit parfois par le reproduire presque malgré lui, sans avoir vraiment conscience que cela nuit à sa vie. Cette transmission peut prendre plusieurs formes :

- Des comportements violents, addictifs ou anxieux, bien qu'inconscients, s'inscrivent dans la lignée en tant qu'exemples, se répétant et influençant les descendants, parfois sans qu'ils ne s'en rendent compte.
- Des mécanismes d'autodéfense, tels que des réactions disproportionnées ou des évitements face à des situations perçues comme menaçantes, des vécus liés à des conflits graves, développant ainsi une hypervigilance où chaque situation imprévue est perçue comme un danger.
- Des schémas relationnels toxiques, issus de blessures émotionnelles non verbalisées, devenant des modèles implicites et modelant notre manière de nous lier aux autres.
- Enfin, les comportements abusifs, comme les violences conjugales, se transmettent parfois d'un rôle à l'autre, qu'il s'agisse de celui de la victime ou de l'auteur, reproduisant ainsi un cycle de souffrance.

Même si l'ancêtre ne transmet pas intentionnellement ces blessures, le descendant est conditionné par l'environnement dans lequel il a grandi. Ces transmissions conscientes agissent comme des programmes inscrits dans la trame familiale, modifiant inconsciemment la vision que l'on porte sur soi et sur le monde.

TRANSMISSION DES MÉMOIRES INTERGÉNÉRATIONNELLES

La deuxième catégorie de mémoire émotionnelle est d'ordre « intergénérationnel ». En psychanalyse, le terme « intergénérationnel » désigne les liens et conflits qui connectent une personne aux générations précédentes. Chaque époque nous laisse une empreinte, une sorte d'héritage collectif qui conditionne nos peurs, nos comportements, et parfois même nos rêves. Les évolutions sociétales et les conflits politiques laissent des séquelles à la génération qui les a subies. Ainsi, nous sommes modelés par les schémas familiaux qui, eux-mêmes, sont parfois le fruit des traumatismes vécus par les générations précédentes et non celui d'un traumatisme vécu par notre lignée elle-même. Ces traumatismes sont donc influencés par les contextes historiques et culturels dans lesquels nos ancêtres ont évolué.

Je trouve fascinant (et parfois bouleversant) de voir comment l'Histoire agit comme un miroir de nos blocages personnels. À travers mes recherches, mes ressentis et mes échanges, j'ai identifié plusieurs schémas générationnels universels. Ces schémas, bien qu'invisibles à première vue, continuent de se transmettre, génération après génération. Dans les pages qui suivent, je vous propose une exploration de ces transmissions générationnelles, enrichie d'exemples concrets issus de l'Histoire.

◎ **1. La peur du manque.** C'est peut-être l'un des schémas les plus répandus dans nos sociétés. Cette peur se manifeste par un besoin excessif de consommer, d'accumuler, ou de « se sécuriser » matériellement. La Seconde Guerre mondiale, avec ses pénuries alimentaires, ses rationnements et ses privations, a marqué durablement l'esprit collectif.

Beaucoup de familles, même bien des années après la guerre, ont continué à stocker de la nourriture « au cas où ». Ces traumatismes économiques ont créé des générations d'individus obsédés par la sécurité financière et matérielle, transmettant à leurs enfants cette peur latente de manquer de tout.

◉ **2. L'excès de yang (énergie masculine).** Ce schéma se manifeste par un besoin excessif de productivité et est directement lié à la montée de l'industrialisation au XIXe siècle. À cette époque, la société s'est profondément transformée, valorisant la productivité, la performance, et les résultats. L'industrialisation a renforcé une vision du monde centrée sur l'action et le rendement, souvent au détriment des qualités plus introspectives, comme l'intuition ou l'écoute de soi. Ce déséquilibre entre énergie masculine *(yang)* et énergie féminine *(yin)* s'est accentué avec le développement du capitalisme, qui valorise toujours plus la compétition et la surproductivité et entraîne de nombreux maux comme l'anxiété de performance et les carences affectives.

◉ **3. La peur de l'amour et le féminin blessé.** Ces deux schémas trouvent souvent leurs origines dans des époques où les liens affectifs étaient réprimés ou bridés par des normes sociales rigides. Par exemple, dans la société victorienne du XIXe siècle, l'expression des émotions était perçue comme une faiblesse. Les mariages étaient souvent arrangés pour des raisons économiques ou sociales, et non par amour. Cette répression affective a laissé des traces dans les générations suivantes, où la vulnérabilité émotionnelle est encore parfois perçue comme une menace et donc est opprimée et sabotée. Le féminin blessé, quant à lui, est lié aux siècles de domination patriarcale qui ont réduit la voix et la place des femmes. L'interdiction pour les femmes d'accéder à l'éducation ou aux droits civiques jusqu'au début du XXe siècle en est un exemple criant. Ces blessures sociétales ont engendré des générations de femmes portant en elles une sensation d'injustice, de honte ou de manque de légitimité dans la hiérarchie sociale qui peut encore résonner aujourd'hui.

◉ **4. La dépersonnalisation.** Ce schéma est souvent la conséquence de l'excès de yang et des attentes sociétales rigides. Il pousse les individus à répondre aux injonctions de leur famille ou de leur culture, même si cela signifie sacrifier leur propre identité. Un exemple historique marquant est celui des « emplois de rêve » imposés dans les années 1950 et 1960, où les jeunes adultes étaient souvent poussés vers des carrières dites « respectables » (médecine, droit, ingénierie) pour répondre aux attentes familiales. Ceux qui s'écartaient de ces normes étaient souvent stigmatisés ou marginalisés. Aujourd'hui, ce schéma se manifeste par des phénomènes comme le burn-out ou le bore-out, où l'individu se retrouve pris au piège d'un rôle ou d'un mode de vie qui ne lui correspond pas, mais qu'il continue de suivre pour « ne pas décevoir » pour parfois l'abandonner plus tard dans sa vie (la crise de la quarantaine qui s'est transformé en crise de la vingtaine aujourd'hui).

Le type de blessures intergénérationnelles dépendra aussi du pays dans lequel nous grandissons car nous récupérons son héritage historique via les générations qui nous ont précédées. Toutes ces transmissions ne nous aident pas à avancer en suivant notre propre chemin. Les blessures que l'on récupère de nos ancêtres et des générations qui nous ont précédés façonnent notre manière de voir le monde et d'interagir avec lui. Ainsi, nos décisions, nos comportements et mêmes nos pensées sont dirigées par ces résidus émotionnels négatifs qui se trouvent en nous et polluent notre esprit.

Restaurer son système émotionnel

À ce stade, on pourrait croire que nous sommes devenus une version altérée de nous-mêmes, enfermés dans des comportements toxiques hérités de nos traumatismes, dont beaucoup ne sont même pas les nôtres. L'idée que nous n'en sortirons jamais peut facilement s'imposer à nous en faisant ce constat.

Pourtant, ces blocages, bien qu'ils nous empêchent d'être pleinement nous-mêmes et d'accéder à des capacités humaines plus vastes, ont parfois joué un rôle crucial dans nos vies. Ils nous ont permis de traverser certaines épreuves et de surmonter des situations difficiles. Tout notre système émotionnel n'est donc pas à rejeter. Ces blessures évoluent : elles peuvent nous aider à certaines étapes de nos vies et, à d'autres, nous freiner. L'enjeu est donc d'arriver à identifier lesquelles méritent notre attention à ce moment précis de manière à les travailler si besoin, car il n'est ni possible ni nécessaire de tout traiter en même temps. Tout est interconnecté : chaque blessure, chaque croyance, chaque émotion occupe une place et joue un rôle dans l'histoire de notre évolution. L'essentiel est de discerner ce qui nous élève de ce qui nous retient, afin de retirer les cailloux qui peuvent se loger dans nos chaussures et ralentir au fur et à mesure notre progression sur le chemin de la vie.

Je ne pourrais pas vous affirmer qu'affronter ces différentes sphères émotionnelles sera un travail facile. Le chemin sera long, sinueux et parfois il prendra le dessus sur vous et vous fera perdre pied, malgré les efforts que vous fournirez pour en arriver au bout. Mais laissez-moi quand même vous rassurer : pour restaurer son système émotionnel, il n'est pas nécessaire de passer 20 ans en thérapie, de revivre chaque événement traumatique de l'enfance ou encore de régler ses comptes avec toute sa famille ou chaque personne responsable de ces maux. Bien que cela passe par un travail de reconnexion et d'acceptation, il existe des méthodes simples, bien que parfois difficiles à mettre en pratique, qui aident à combattre ces démons invisibles et à dépasser nos plus grands blocages.

Ci-dessous, vous trouverez les différentes étapes et les clés qui vous aideront à faire face à tous les blocages qui se trouvent en vous. Bien qu'il ne s'agisse pas d'un processus « miracle », ce cheminement vous conduira vers la libération de vos traumatismes, croyances et mémoires émotionnelles, en apprenant à les écouter plutôt qu'à les fuir ou à les enfouir sous terre.

Changer ne demande parfois que peu de choses, encore faut-il mettre ce « peu » en mouvement.

LA PRISE DE CONSCIENCE

C'est la première étape, et probablement la plus cruciale de ce chemin. La prise de conscience, c'est réaliser que notre mal-être ne repose pas uniquement sur les autres, mais que nous avons aussi une part de responsabilité dans ce que nous attirons à nous.

Nous ne sommes pas responsables des traumatismes que nous avons subis, mais nous avons le pouvoir de décider comment ces épreuves influencent notre vie aujourd'hui. Cette étape demande une immense dose d'humilité et de recul, car elle implique de regarder nos propres comportements, nos mots et nos choix avec honnêteté.

Prendre conscience c'est se demander :

- Quels comportements ou situations récurrentes dans ma vie pourraient être le reflet de blessures non résolues ?
- Quels événements ou relations me provoquent des réactions disproportionnées ?

Ces réflexions sont souvent inconfortables, mais elles représentent 80 % du travail de guérison.

L'IDENTIFICATION

Une fois la prise de conscience effectuée, il est temps d'identifier la source de nos maux. Ces difficultés se manifestent souvent sous forme de schémas répétitifs : des échecs similaires, des relations toxiques ou des émotions qui semblent nous submerger sans raison apparente.

Bien que ces schémas soient souvent inconscients, les comprendre est crucial pour avancer.

- Tenez un journal dans lequel vous notez les situations ou comportements qui vous semblent répétitifs.
- Essayez de remonter à leur origine en répondant aux questions :
- « Qui m'a fait croire que [insérer croyance] ? »
- « À quelle blessure émotionnelle est-elle reliée selon moi ? »
- « Qu'est-ce que cela fait émerger comme émotions et sensations quand cette blessure est activée ? »
- « À quel moment dans ma vie me suis-je déjà senti comme cela ? »
- « En quoi cette croyance me freine-t-elle dans ma vie et dans la personne que je souhaite devenir ? »

L'identification, c'est aussi sortir du déni et poser des mots sur ce que nous avons vécu. Cela permet de se dissocier des comportements toxiques qui y sont liés.

CONSCIENTISER

Cette étape consiste à libérer le poids émotionnel des blessures en pardonnant. Il y a deux aspects à cette démarche :

◎ **1. Se pardonner à soi-même :** Cela implique d'accepter nos failles, nos erreurs et nos comportements passés. Se pardonner, c'est tourner la page sur les moments où nous étions sous l'emprise de nos blessures.

◎ **2. Pardonner aux autres :** Pardonner aux personnes qui ont créé et ont contribué à la création de nos croyances et de nos blessures. Cela ne signifie pas oublier ou excuser les torts, mais choisir de ne plus laisser ces émotions négatives nous définir et se libérer de la colère et de la rancœur.

Pour cela vous pouvez rédiger une lettre à vous-même ou à la ou les personnes qui vous ont blessé. Exprimez vos émotions, ce que vous avez ressenti et ce que vous souhaitez laisser aller. Vous n'avez pas besoin d'envoyer cette lettre : l'objectif est de libérer votre esprit. Vous pouvez aussi réaliser l'exercice des bonshommes allumettes, créé par Jacques Martel. Il vise à se libérer des attachements, des relations toxiques, des blocages ou des croyances limitantes créées durant le traumatisme et qui nous empêchent d'avancer. L'objectif est de couper symboliquement les liens émotionnels négatifs tout en maintenant les aspects positifs des relations.

LE DÉCONDITIONNEMENT

Le déconditionnement, c'est réapprendre à penser, agir et percevoir les choses différemment. Cette étape permet de sortir définitivement de l'emprise de nos traumatismes et de développer les aspects positifs qu'elles peuvent offrir. Pour cela, il est nécessaire de prendre du recul sur les différents modes de fonctionnement qui nous ont conduit à renforcer nos blessures et nos croyances. Il sera essentiel non seulement d'apprendre à penser autrement que ce à quoi notre système émotionnel nous a habitués, mais aussi de comprendre en profondeur les réactions automatiques et inconscientes que nous avons développées en réponse à nos traumatismes.

1. Identifiez d'abord une croyance limitante et/ou une blessure émotionnelle qui vous freine.

◎ **2.** Posez-vous ensuite les questions suivantes :

a. « Quelles sont les preuves tangibles et réelles me prouvant la véracité de cette croyance ou blessure ? »

b. « Quelles actions et décisions cette croyance ou blessure influence-t-elle dans ma vie ? »

c. « À quoi ressemblerait ma vie et mon quotidien si cette croyance/blessure n'était pas présente dans mon système émotionnel ? »

Voici un exemple :

Croyance limitante : « Je ne suis pas capable de réussir seul. »

Impact dans la vie : Cette croyance me pousse à éviter de prendre des initiatives, à dépendre des autres pour des décisions importantes et à douter de mes compétences. Si elle n'était pas présente, je réaliserais mon rêve de petite fille d'être professeure des écoles et je ne subirais ni le syndrome de l'imposteur ni d'anxiété dans la création de mes projets.

Ce processus demande de la répétition et de la patience, mais il vous permettra de vous reconnecter à votre essence profonde, à réaliser vos rêves sans aucune limitation et à profondément transformer votre système émotionnel et votre système de croyances.

RECONSTRUIRE

Cette dernière étape consiste à créer une vie alignée avec vos valeurs et vos aspirations, libérée des comportements toxiques et des schémas limitants. C'est aussi une opportunité pour transformer vos blessures en forces. Dans cette étape, il sera indispensable de vous prouver que vos croyances ont tort. Pour cela, il faudra vous challenger, vous fixer des objectifs à atteindre et changer votre discours intérieur.

- Remplacez votre croyance par une affirmation positive et réaliste et fixez-vous des objectifs pour atteindre ce nouveau mode de pensée et changer votre prisme.
    - par exemple si votre croyance est : « Je ne mérite pas de réussir », remplacez-la simplement par « Je mérite de réussir »
- Prenez un temps pour définir ce que vous souhaitez créer dans votre vie (relations, carrière, bien-être). Quelles actions concrètes pouvez-vous entreprendre pour y parvenir ? Puis, fixez-vous des objectifs SMART (spécifiques, mesurables, atteignables, réalisables et timer).
- Célébrez vos progrès, même les plus petits. Chaque pas compte.

◉ **1.** Identifiez une tâche ou un projet que vous hésitez à entreprendre seul et fixez une date pour le commencer et l'achever.

◉ **2.** Notez trois compétences ou forces que vous possédez et qui peuvent vous aider à réussir ce projet.

◉ **3.** Pratiquez l'affirmation positive ou utilisez des outils pour vous soutenir durant ce processus comme la méditation, la prise de Fleurs de Bach ou encore la sophrologie qui est efficace pour apaiser les émotions négatives.

◉ **4.** Prenez le temps de célébrer chaque petite victoire pour renforcer la confiance en vos capacités et répétez le processus en vous challengeant un peu plus sur le prochain objectif.

En reconstruisant votre vie, vous ne guérissez pas seulement pour vous, mais également pour les générations futures. Les blessures que nous résolvons ne sont plus transmises, et cela contribue à une évolution collective.

Ces cinq étapes ne sont pas un chemin linéaire : il est normal de revenir en arrière ou de stagner à certains moments. Mais chaque pas que vous faites vous rapproche d'une vie plus libre et authentique.

CHAPITRE 3

Pratiquer

★ ★ ★

Félicitations, vous avez franchi une étape importante dans un long processus de travail sur soi. Vous avez maintenant une meilleure compréhension des capacités silencieuses qui résident en chacun de nous et avez découvert les outils essentiels pour apprendre à mieux vous écouter. Il est temps maintenant de mettre en application tous les apprentissages que vous avez reçu dans ce livre afin d'intégrer les enseignements et d'en bénéficier pleinement. Les exercices que vous allez découvrir se divisent en deux parties.

1. L'éveil de nos sens extrasensoriels

C'est ici que vous allez éveiller les cinq capacités extrasensorielles de l'être humain, apprendre à décoder les messages subtils qui vous parviennent et à maîtriser votre énergie vitale, un pouvoir essentiel pour naviguer dans le monde des énergies et les utiliser à bon escient.

2. Le travail de guérison intérieure

Dans cette partie, vous allez plonger dans les profondeurs de votre âme et de votre histoire personnelle. Vous irez à la rencontre de vos failles, vos peurs, vos blocages mais aussi de ceux de vos ancêtres afin de tisser la toile de votre guérison. En explorant ces racines, vous découvrirez les liens invisibles qui influencent votre présent, et vous apprendrez à transformer ces blessures en forces pour avancer avec clarté et sérénité sur votre chemin de vie.

Je vous invite à suivre la méthodologie des exercices, conçus pour vous permettre d'évoluer progressivement et de manière pédagogique, afin d'intégrer chaque étape à votre rythme et en toute conscience. N'hésitez pas à revenir plusieurs fois sur ces exercices si nécessaire et à les partager avec votre entourage, pour observer la façon dont chacun les reçoit et les vit. Je vous souhaite un bon cheminement et une belle découverte de vous-même.

L'éveil de nos sens extrasensoriels

JOUR 1 À 7 : MON JOURNAL ÉNERGÉTIQUE

Ce journal de bord énergétique est un outil conçu pour vous aider à prendre conscience de l'état de votre énergie au quotidien. L'objectif est d'apprendre à écouter les messages subtils de votre corps et à ajuster votre énergie en fonction de vos besoins. En notant vos ressentis, vos actions et les signaux de fatigue ou de surstimulation, vous allez pouvoir mieux comprendre vos limites énergétiques. Cet exercice vous permettra également de réguler votre énergie, de préserver votre bien-être et d'approfondir votre pratique des capacités extrasensorielles. Chaque jour, vous noterez vos ressentis, vos activités et évaluerez ? votre niveau d'énergie, et au bout de la semaine, vous observerez les évolutions de votre taux vibratoire.

Chaque soir, prenez quelques minutes pour répondre à quelques questions d'introspection afin de mieux comprendre les messages que votre corps vous envoie et commencer à l'écouter. Cela vous sera essentiel non seulement pour la prochaine étape, qui consiste à développer vos capacités, mais aussi pour apprendre à gérer votre énergie. Comme vous l'avez vu dans ce livre, l'énergie est un outil fondamental pour obtenir des canalisations de qualité et éviter de tirer sur la corde. Pour commencer. Listez et classez les différentes choses que vous faites au quotidien en trois grandes catégories *(vous pourrez en rajouter au fur et à mesure de votre semaine)* :

◎ **1.** Essentielles (ex. : travail, soins aux enfants).

◎ **2.** Nécessaires mais ajustables (ex. : ménage, courses).

◎ **3.** Non indispensables (ex. : répondre à tous les messages, scroller sur les réseaux).

Le premier jour afin de vous situer sur l'échelle de Bovis, vous réaliserez le calcul de votre taux vibratoire. Vous constaterez alors la différence de votre taux d'énergie à la fin de l'exercice, soit dans 14 jours. Pour cela, suivez ces instructions :

★ ★ ★

MINI GUIDE DE CALCUL DU TAUX VIBRATOIRE

Si vous n'avez pas de pendule, vous pouvez utiliser un collier que vous aimez avec un pendentif. Je vous invite à le nettoyer par fumigation avec un peu d'encens

◉ **1. Préparation :**

- Trouvez un endroit calme où vous ne serez pas dérangé(e) et asseyez-vous face à une table.
- Si vous utilisez un pendule, tenez-le par la chaînette ou le fil entre votre pouce et votre index, en vous assurant qu'il peut se balancer librement. Si vous utilisez un bijou, ajustez la longueur et tenez-le entre votre pouce et votre index, tout en restant détendu(e).
- Respirez profondément pour vous centrer et vous détendre, poser et stabiliser votre coude sur la table. Détendez votre poignet.

◉ **2. Calibrage :**

- Commencez par demander de vous indiquer le « oui » et le « non » : pour cela, posez la question simple « Montre moi le OUI » et observez le mouvement du pendule. Puis effectuez la même demande pour le « NON ».

◉ **3. Calcul du Taux Vibratoire :**

- Tenez le pendule ou le bijou au-dessus de la planche de bovis présente sur la page suivante et alignée là horizontalement à votre plexus solaire (zone située juste au-dessus du nombril), en vous concentrant sur la question : « Quel est mon taux vibratoire du moment ? ».
- Laissez le pendule se balancer pendant quelques secondes jusqu'à que ses mouvements soient intenses et réguliers dans une même direction en vous aidant de l'échelle de Bovis.

4. Interprétations :

- **Plan physique** : 0 à 20 000 UB ; ce niveau est associé à des états d'énergie faible ou d'épuisement. Il peut correspondre à une fatigue chronique, un malaise physique, une faiblesse ou un manque de vitalité. Le corps n'est pas dans un état optimal de santé et pourrait ressentir des douleurs ou des tensions. Il est indispensable, à ce niveau, d'effectuer des changements importants dans son hygiène de vie.
- **Plan énergétique** : 25 000 à 40 000 UB ; cette plage correspond à un état énergétique modéré à élevé. L'individu est capable de fonctionner correctement, mais peut encore ressentir des déséquilibres subtils. C'est un état de bonne santé générale, avec une énergie assez équilibrée, mais qui nécessite parfois d'être réajustée pour ne pas descendre rapidement et accéder plus facilement à ses capacités intuitives.
- **Plan spirituel** : 60 000 à + 340 000 UB : ce niveau est associé à des états de haute fréquence vibratoire, où l'énergie spirituelle est en pleine expansion. Il correspond à une connexion profonde avec la conscience universelle, l'intuition, et la sagesse spirituelle. Les personnes dans cette plage vibratoire sont souvent en phase avec leur mission de vie, et leurs capacités extrasensorielles sont puissamment développées en elles.

À titre d'exemple, voici le taux vibratoire d'un

- Chat : 18 000 UB
- Cheval : 18 à 27 000 UB
- Oiseau : 27 000 UB
- Arbre centenaire : au moins 100 000 UB.

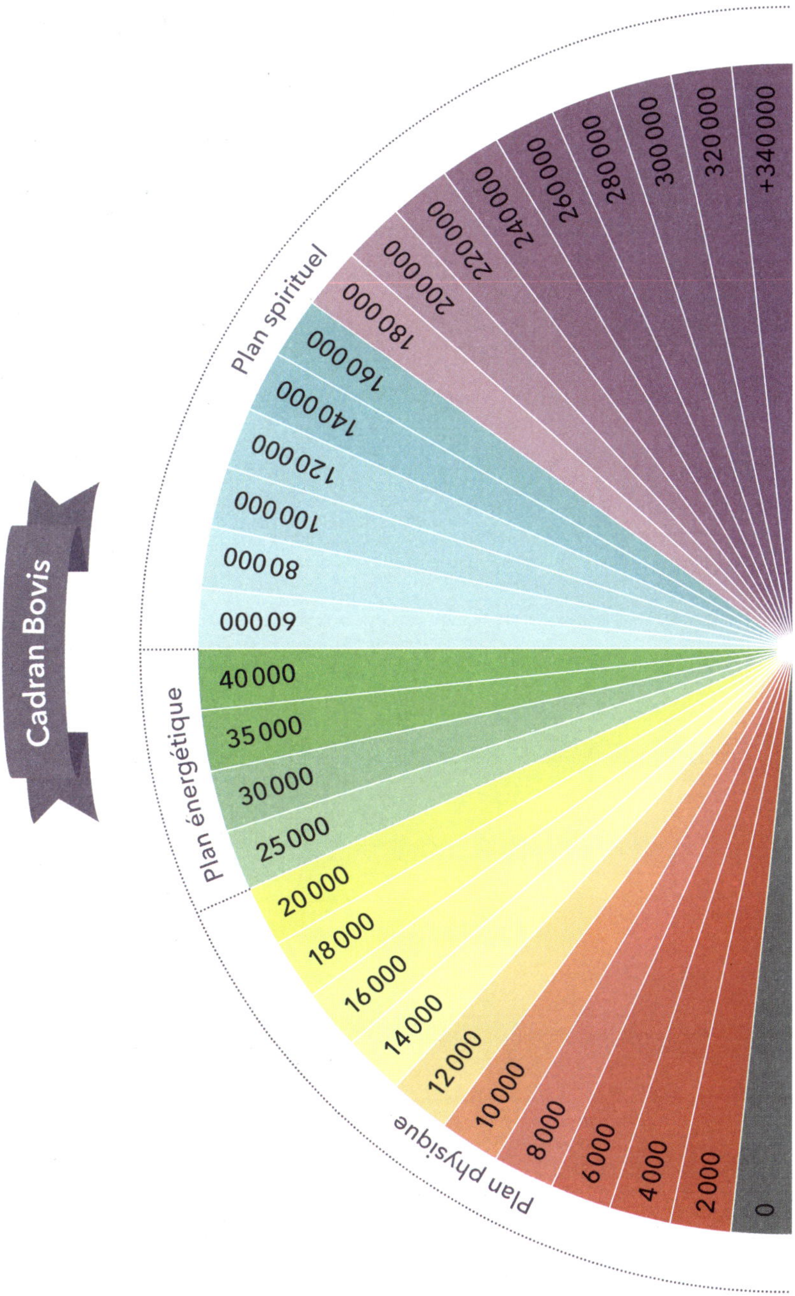
Cadran Bovis
Plan spirituel
Plan énergétique
Plan physique
+340 000
320 000
300 000
280 000
260 000
240 000
220 000
200 000
180 000
160 000
140 000
120 000
100 000
80 000
60 000
40 000
35 000
30 000
25 000
20 000
18 000
16 000
14 000
12 000
10 000
8 000
6 000
4 000
2 000
0

JOUR 1

Mon taux vibratoire est de : ....

Récapitulatif de la journée, je note les tâches et activités réalisées.

Catégorie essentielle	....
Catégorie nécessaires	....
Catégorie non indispensables	....
Mon taux d'énergie se situe	1 2 3 4 5 6 7 8 9 10

Les signaux de mon corps :

....

Ai-je ressenti des douleurs physiques ou des tensions ? Si oui, où ?

....

Mon esprit m'a-t-il envoyé des signaux (fatigue mentale, stress, manque de concentration) ?

....

À quel moment de la journée ai-je senti que j'atteignais mes limites ?

....

Mes ajustements pour demain sont :

....

Qu'aurais-je pu faire différemment pour préserver mon énergie ?

....

Quelle activité bienfaisante pourrais-je intégrer demain pour me ressourcer ?

....

Je note un apprentissage du jour :

....

....

....

....

....

....

....

....

....

....

....

JOUR 2

Récapitulatif de la journée, je note les tâches et activités réalisées.

Catégorie essentielle	....
Catégorie nécessaires	....
Catégorie non indispensables	....
Mon taux d'énergie se situe	1 2 3 4 5 6 7 8 9 10

Les signaux de mon corps :

....

Ai-je ressenti des douleurs physiques ou des tensions ? Si oui, où ?

....

Mon esprit m'a-t-il envoyé des signaux (fatigue mentale, stress, manque de concentration) ?

....

À quel moment de la journée ai-je senti que j'atteignais mes limites ?

....

Mes ajustements pour demain sont :

....

Qu'aurais-je pu faire différemment pour préserver mon énergie ?

....

Quelle activité bienfaisante pourrais-je intégrer demain pour me ressourcer ?

....

Je note un apprentissage du jour :

....

....

....

....

....

....

....

....

....

JOUR 3

Récapitulatif de la journée, je note les tâches et activités réalisées.

Catégorie essentielle	....
Catégorie nécessaires	....
Catégorie non indispensables	....
Mon taux d'énergie se situe	1 2 3 4 5 6 7 8 9 10

Les signaux de mon corps :

....

Ai-je ressenti des douleurs physiques ou des tensions ? Si oui, où ?

....

Mon esprit m'a-t-il envoyé des signaux (fatigue mentale, stress, manque de concentration) ?

....

À quel moment de la journée ai-je senti que j'atteignais mes limites ?

....

Mes ajustements pour demain sont :

....

Qu'aurais-je pu faire différemment pour préserver mon énergie ?

....

Quelle activité bienfaisante pourrais-je intégrer demain pour me ressourcer ?

....

Je note un apprentissage du jour :

....

....

....

....

....

....

....

....

....

JOUR 4

Récapitulatif de la journée, je note les tâches et activités réalisées.

Catégorie essentielle	....
Catégorie nécessaires	....
Catégorie non indispensables	....
Mon taux d'énergie se situe	1 2 3 4 5 6 7 8 9 10

Les signaux de mon corps :

....

Ai-je ressenti des douleurs physiques ou des tensions ? Si oui, où ?

....

Mon esprit m'a-t-il envoyé des signaux (fatigue mentale, stress, manque de concentration) ?

....

À quel moment de la journée ai-je senti que j'atteignais mes limites ?

....

Mes ajustements pour demain sont :

....

Qu'aurais-je pu faire différemment pour préserver mon énergie ?

....

Quelle activité bienfaisante pourrais-je intégrer demain pour me ressourcer ?

....

Je note un apprentissage du jour :

....

....

....

....

....

....

....

....

....

JOUR 5

Récapitulatif de la journée, je note les tâches et activités réalisées.

Catégorie essentielle	....
Catégorie nécessaires	....
Catégorie non indispensables	....
Mon taux d'énergie se situe	1 2 3 4 5 6 7 8 9 10

Les signaux de mon corps :

....

Ai-je ressenti des douleurs physiques ou des tensions ? Si oui, où ?

....

Mon esprit m'a-t-il envoyé des signaux (fatigue mentale, stress, manque de concentration) ?

....

À quel moment de la journée ai-je senti que j'atteignais mes limites ?

....

Mes ajustements pour demain sont :

....

Qu'aurais-je pu faire différemment pour préserver mon énergie ?

....

Quelle activité bienfaisante pourrais-je intégrer demain pour me ressourcer ?

....

Je note un apprentissage du jour :

....

....

....

....

....

....

....

....

....

JOUR 6

Récapitulatif de la journée, je note les tâches et activités réalisées.

Catégorie essentielle	....
Catégorie nécessaires	....
Catégorie non indispensables	....
Mon taux d'énergie se situe	1 2 3 4 5 6 7 8 9 10

Les signaux de mon corps :

....

Ai-je ressenti des douleurs physiques ou des tensions ? Si oui, où ?

....

Mon esprit m'a-t-il envoyé des signaux (fatigue mentale, stress, manque de concentration) ?

....

À quel moment de la journée ai-je senti que j'atteignais mes limites ?

....

Mes ajustements pour demain sont :

....

Qu'aurais-je pu faire différemment pour préserver mon énergie ?

....

Quelle activité bienfaisante pourrais-je intégrer demain pour me ressourcer ?

....

Je note un apprentissage du jour :

....

....

....

....

....

....

....

....

....

JOUR 7

Mon taux vibratoire est de : ....

Récapitulatif de la journée, je note les tâches et activités réalisées.

Catégorie essentielle	....
Catégorie nécessaires	....
Catégorie non indispensables	....
Mon taux d'énergie se situe	1 2 3 4 5 6 7 8 9 10

Les signaux de mon corps :

....

Ai-je ressenti des douleurs physiques ou des tensions ? Si oui, où ?

....

Mon esprit m'a-t-il envoyé des signaux (fatigue mentale, stress, manque de concentration) ?

....

À quel moment de la journée ai-je senti que j'atteignais mes limites ?

....

Mes ajustements pour demain sont :

....

Qu'aurais-je pu faire différemment pour préserver mon énergie ?

....

Quelle activité bienfaisante pourrais-je intégrer demain pour me ressourcer ?

....

Je note un apprentissage du jour :

....

....

....

....

....

....

....

....

....

BILAN DE LA SEMAINE

Maintenant, relisez votre journal et répondez aux questions suivantes :

Quelles sont les activités ou situations qui m'épuisent le plus ?

....

....

Quels sont les signaux d'alerte principaux que mon corps ou mon esprit m'envoient ?

....

....

Quelles activités m'aident le mieux à me ressourcer ?

....

....

Quels changements puis-je mettre en place pour préserver mon énergie à l'avenir ?

....

....

....

....

....

....

....

....

....

....

....

Vous avez maintenant la possibilité de mettre en place ces ajustements pour la semaine à venir. L'objectif est d'apprendre à réguler votre énergie dès que vous sentez les signaux d'alerte de votre corps. À ce moment précis, vous devrez réaliser une activité qui vous aide à récupérer de l'énergie et à prendre soin de vous. Cela demandera de l'attention et une écoute active de votre corps, compétences essentielles pour développer vos capacités extrasensorielles. Vous apprendrez aussi à lâcher prise sur le besoin de tout contrôler et de tout faire parfaitement, à être moins exigeant avec vous-même et à demander de l'aide si nécessaire. Ce sera un excellent début, vous permettant de vous préparer aux défis à venir.

À l'issue de cette seconde semaine *(vous pouvez utiliser le même journal de bord que précédemment)*, et en appliquant cette écoute de soi, au jour numéro 7, vous calculerez à nouveau votre taux énergétique afin de constater les changements de votre taux vibratoire.

Mon taux vibratoire au jour 14 de l'exercice du journal de bord est de :

....

Mes notes et prises de conscience :

....

....

....

....

....

....

....

....

....

....

....

....

....

....

....

....

MÉDITATION DE DÉCOUVERTE ET D'INITIATION À SES CAPACITÉS EXTRASENSORIELLES

Bravo ! Vous savez désormais comment réguler votre énergie et écouter les signaux de votre corps. Maintenant que vous commencez à aiguiser l'écoute de soi, vous êtes prêt à découvrir vos capacités extrasensorielles !

Ressentir toutes ces capacités peut prendre du temps et parfois même se manifester au moment où vous vous y attendrez le moins. Pour vous aider à mieux comprendre ce que chaque capacité peut produire en termes de ressentis sensoriels dans votre corps, j'ai créé une série de méditations, une pour chaque capacité. Ces méditations vous offriront un aperçu précieux et une meilleure compréhension de vos perceptions intuitives et vous permettront aussi de les débloquer en vous.

Ces méditations sont conçues comme des initiations à vos capacités extrasensorielles et utilisent une technique méditative issue du ThetaHealing, une méthode de thérapie énergétique puissante développée par Vianna Stibal en 1994 au Mexique. Cette approche vous permettra d'explorer en profondeur vos capacités intuitives tout en vous ancrant dans un état de relaxation profonde, propice à la réception des messages et ressentis de votre corps et de votre esprit.

Ces méditations sont disponibles sur mon podcast *Grimoire*. Je vous invite à les utiliser régulièrement au début de votre cheminement et selon les capacités que vous souhaitez développer.

◎ 1. Méditation guidée pour développer la télépathie

(Sens du toucher, de la vue et de l'ouïe)

Cette méditation vous aidera à développer la capacité de ressentir les émotions et pensées des autres. En utilisant les sens du toucher, de la vue et de l'ouïe, vous allez entrer en contact avec une personne de votre choix. Vous apprendrez à entendre ses pensées ou à voir des scènes de sa vie, comme si vous étiez là avec lui. Cette méditation est un premier pas vers l'éveil de vos capacités télépathiques.

◎ 2. Méditation guidée pour éveiller la clairvoyance

(Sens de la vue)

Dans cette méditation, vous serez invité à visualiser un lieu, une personne ou un événement lointain. Vous serez guidé pour visualiser des images mentales claires, comme si vous voyiez réellement ces choses devant vous. Vous apprendrez à distinguer les sensations visuelles authentiques des pensées ordinaires, et à honorer les messages qui se présentent à vous.

◎ 3. Méditation guidée pour développer la prémonition

(Sens de la vue)

Cette méditation vous accompagnera pour voir des événements qui se produiront dans le futur. Vous apprendrez à distinguer une vision prémonitoire d'une pensée normale, et à ouvrir votre conscience pour capter des indices du futur.

◉ 4. Méditation guidée pour explorer la psychométrie

(Sens du toucher, de la vue, de l'ouïe et de l'odorat)

Ici, vous serez invité à toucher un objet symbolique et à vous ouvrir à ses mémoires. Que ce soit un bijou, une vieille lettre ou un objet personnel, vous apprendrez à recevoir des impressions sur le passé de cet objet à travers les cinq sens. Vous pourrez ressentir des émotions (sens du toucher), voir des scènes liées à cet objet (sens de la vue), entendre des sons du passé (sens de l'ouïe), ou même sentir des odeurs associées (sens de l'odorat).

◉ 5. Méditation guidée pour activer la rétrocognition

(Sens de la vue, de l'odorat, du toucher et de l'ouïe)

Dans cette méditation, vous serez invité à accéder aux souvenirs du passé en utilisant vos cinq sens. Par la vue, vous pourrez voir des événements passés se dérouler devant vous comme des souvenirs. Par l'odorat, vous pourrez sentir des fragrances liées à des moments révolus. Des sons du passé, des voix ou des bruits, pourraient également se faire entendre.

◉ 6. Méditation guidée pour éveiller la télékinésie

(Sens du toucher et de l'énergie)

Pour cette méditation, vous apprendrez à manipuler l'énergie autour de vous. Nous allons créer un espace de concentration où vous pourrez expérimenter la sensation de déplacer des objets à distance, non pas par la force physique mais par l'intention et la manipulation de l'énergie.

EXERCEZ VOS CAPACITÉS EXTRASENSORIELLES : GUIDE PRATIQUE

Ce chapitre vous propose différents exercices, accompagnés de supports et outils variés, pour travailler des compétences telles que la clairvoyance, la prémonition, la rétrocognition, ou encore la télépathie. Vous être libre de choisir les exercices qui vous attirent le plus ou de tous les explorer pour enrichir vos compétences.

Un **guide d'interprétation des canalisations**, en cinq étapes, vous est fourni pour vous aider à analyser vos ressentis et les informations perçues lors de chaque exercice.

Pour entraîner vos capacités, je vous propose différents supports. Vous allez réaliser une « lecture énergétique » qui consiste à lire les énergies d'un élément vivant ou non. Pour cela, vous trouverez deux protocoles de lecture énergétique qui vous donneront la méthode à utiliser et vous guidera pas à pas sous deux formats : écrite et sous la forme de méditations guidées.

Protocole de lecture énergétique :

- Fermez les yeux et réalisez un exercice de respiration à quatre temps, présenté plus tôt dans le livre, jusqu'à obtenir un état de détente profonde.
- Visualisez votre conscience descendre progressivement dans votre corps : tête, cervicales, colonne vertébrale, jambes, jusqu'à sortir par vos pieds.
- Imaginez votre conscience pénétrer dans la Terre et atteindre son noyau lumineux, entouré d'une bulle d'énergie colorée. Inspirez profondément pour absorber cette énergie et ces couleurs.
- Faites remonter votre conscience dans votre corps, en passant par chaque partie jusqu'au sommet de votre crâne.
- Visualisez une bulle de lumière autour de votre conscience et laissez-la s'envoler dans le ciel, traversant différentes couches de lumière : translucide légèrement légumineuse, dorée étincelante, puis retrouvez-vous devant un grand arc-en-ciel. Entrez dans la couleur rose de cet arc-en-ciel, puis imaginez traverser à l'intérieur de cette couleur une petite porte blanche.
- Arrivé dans un espace tout blanc, un monde immaculé, silencieux, doux et apaisant, percez votre bulle pour laisser l'énergie se diffuser autour de vous. Visualisez ensuite la photo ou l'objet et posez des questions dans votre esprit pour obtenir des informations sur son histoire ou laissez venir à vous les informations.
- Une fois la lecture terminée, reprenez votre bulle de lumière, refaites le chemin inverse jusqu'au centre de la Terre, rendez l'énergie empruntée au noyau terrestre avant de réintégrer votre corps en illuminant vos chakras au passage.

Méditation guidée pour lecture énergétique sur photo ou object :

- La photo -

Prenez une photo d'une personne consentante et récente si possible. Il peut s'agir d'un ami, d'un membre de votre famille ou d'une connaissance. Pour la rétrocognition, choisissez plutôt celle d'un défunt afin de cibler des informations du passé. Pour réussir l'exercice, je vous invite à choisir une personne que vous ne connaissez pas ou très peu. Cela peut être le crush de votre meilleure amie ou encore le collègue de travail de votre partenaire par exemple. Si vous choisissez une personne que vous connaissez très bien, soyez vigilant(e) à ne pas laisser vos connaissances personnelles influencer vos ressentis.

Clairvoyance : pour exploiter cette capacité, concentrez-vous sur une photo récente pour percevoir des informations sur la vie actuelle de la personne. Cela peut inclure son état émotionnel ou des problématiques qu'elle rencontre par exemple. Ne cherchez pas à poser de questions ou à savoir quelque chose de précis. Laissez-vous transporter par son histoire, laissez venir les informations à vous, même si vous pensez que vous ne captez rien ou que ce que vous ressentez n'a pas de sens, faites-vous confiance et notez tout ce que vous percevez. Avec un peu de confiance et de pratique, vous allez être étonné de ce que vous arriverez à faire.

Prémonition : pour utiliser cette capacité, vous pouvez utiliser la même photo récente d'une personne et explorez des événements futurs qu'elle pourrait vivre cette fois-ci en lui proposant de vous poser une question sur un événement futur dont elle souhaite savoir le déroulement ou la finalité. Au début, partez sur quelque chose de simple et de peu engageant.

Rétrocognition : cette fois-ci pour exploiter cette capacité, il faudra utiliser une photo d'une personne décédée, car c'est grâce à cela que vous pourrez cibler et obtenir des informations sur le passé. Concentrez-vous sur son histoire ou des événements marquants de son passé de la même manière que pour la clairvoyance, laissez venir à vous toutes les informations sans chercher à savoir quelque chose de précis. Pour cet exercice, il est nécessaire d'avoir une personne qui peut vous confirmer les informations que vous pouvez canaliser afin de valider ou non vos ressentis.

- Les objets -

Psychométrie : choisissez un objet ayant une histoire, comme un bijou familial, un meuble ancien ou un objet précieux ayant appartenu à quelqu'un de proche. L'objectif sera de ressentir les énergies de l'objet et percevoir des informations liées à ses anciens propriétaires ou à son passé. Pour cela, tenez l'objet dans vos mains, en fermant les yeux et concentrez-vous sur les sensations ou images qui émergent : chaleur, froid, émotions ou souvenirs. Laissez venir à vous toutes les informations, sans jugement, et notez toutes les impressions perçues.

Protocole de lecture énergétique sur un être vivant :

- Réalisez le même processus de détente et de descente de conscience que dans le protocole précédent jusqu'à arriver dans le monde blanc.
- Approchez doucement votre conscience au-dessus de l'animal ou de l'être vivant, en imaginant une approche délicate et respectueuse.
- Demandez intérieurement la permission de faire la lecture énergétique. Si vous ressentez une résistance, n'insistez pas. Si vous percevez une ouverture, poursuivez doucement. Pour un être humain, pensez à demander la permission avant de réaliser le protocole.
- Visualisez votre conscience entrant lentement dans l'être vivant, comme si vous avanciez dans un lieu fragile. Ici, posez les questions que vous avez à poser pour mieux comprendre son énergie ou ses besoins.
- Une fois les informations recueillies, retournez dans l'espace tout blanc, reformez votre bulle de lumière, et refaites le chemin inverse jusqu'à votre corps.
- Lors de la réintégration, rendez l'énergie au noyau terrestre avant de revenir pleinement à vous. et illuminez vos chakras.

Méditation guidée pour lecture énergétique
sur un être vivant :

- Un être vivant : une plante, une pierre ou un animal -

Télépathie : afin d'utiliser cette capacité, choisissez un élément naturel ou un animal pour cet exercice. Vous pouvez également utiliser une photo d'un animal si besoin. Je vous invite à réaliser cet exercice avec votre animal mais à vous exercer aussi avec des animaux que vous ne connaissez pas ou peu comme ceux de vos amis par exemple. De la même manière que pour les exercices précédents, laissez venir à vous toutes les informations que vous pouvez ressentir. Dans ce cas précis, il est possible que vous ressentiez l'état émotionnel ou énergétique de l'animal, de la pierre ou de la plante. Pour vous aider vous pouvez poser à voix haute ou dans votre tête quelques questions simples comme : « Comment te sens-tu ? » ou « De quoi as-tu besoin ? ».

- Les cartes -

Prémonition : pour cette dernière capacité extrasensorielle, je vous propose un exercice simple qui vous aidera à vous entrainer à canaliser des informations qui ne se sont pas encore produites. Pour cela, vous pouvez utiliser un jeu de cartes simples, évitez les cartes à messages et privilégiez les cartes issues des jeux d'oracles, plus simple à prendre en main lorsque l'on débute. Je vous conseille notamment : l'oracle G, les cartes divinatoires d'Algariel ou encore des oracles à archétypes (les anges, les animaux, l'oracle de la sorcière, etc.).

Avant de démarrer votre journée ou de vous rendre à un événement, prenez votre jeu de cartes en main et mélangez-les en fermant les yeux et en vous concentrant sur cette journée ou cet événement à venir. Pensez aux personnes que vous allez rencontrer, à ce que vous allez faire, vos tâches et les actions prévues. Respirez profondément et calmement puis lorsque vous vous sentez prêt, posez à l'oral ou en pensée la question suivante : « Que va-t-il se passer dans cette journée / dans cet évènement ? » Puis tirez 2 à 3 cartes maximum. Si 2 ou 3 cartes sautent du paquet entre-temps, conservez-les et utilisez uniquement ces cartes. Puis procédez ainsi :

- Notez pour chaque carte les émotions, ressentis et images que cela vous évoque sans regarder l'interprétation indiquée dans le livret qui accompagne le jeu. Cela peut être des couleurs, des émotions, des adjectifs...
- Notez ensuite pour chaque carte si cela vous évoque quelque chose de positif ou de négatif. Ne vous focalisez pas uniquement sur l'image. Parfois, la carte de la mort peut par exemple indiquer la fin d'une situation de manière positive.
- Ensuite, essayez de réaliser une interprétation cohérente de ces 3 cartes, un message, une histoire qui se tisse à travers ce que chacune vous a évoqué.
- À la fin de la journée ou de l'événement, revenez sur ce que vous avez écrit et constatez les différences.

N'hésitez pas à reproduire plusieurs fois ces exercices pour affûter vos perceptions et les préciser au fur et à mesure. Vous allez comprendre en vous exerçant comment les messages se transmettent à travers vos capacités.

Prenez le temps de bien vous ancrer avant de débuter chaque exercice, pensez aussi à utiliser un carnet pour noter vos ressentis et observations ainsi que le guide d'interprétations ci-dessous. Aussi, faites preuve de patience et d'ouverture : les informations peuvent être subtiles et demandent de la pratique pour être pleinement captées.

GUIDE D'INTERPRÉTATIONS :

L'entonnoir des ressentis et l'interprétation personnelle

◉ Étape 1 : Créer un espace neutre

1. Installez-vous dans un endroit calme, propice à la concentration.
2. Choisissez un des supports proposés pour la canalisation.

◉ Étape 2 : Ressenti global (le sommet de l'entonnoir)

1. Prenez quelques respirations profondes et notez vos premières impressions :
   - Qu'est-ce qui me vient spontanément ? Une image ? Une émotion ? Une sensation physique ?
   - Ne réfléchissez pas, notez tout ce qui émerge sans analyser.
2. Si vous ne ressentez rien immédiatement, demandez-vous :
   - « Si cette énergie avait une couleur, laquelle serait-ce ? »
   - « Si cette énergie était une sensation, serait-elle légère, lourde, neutre ? »

◉ Étape 3 : Approfondir (descendre dans l'entonnoir)

1. Revenez à un élément spécifique parmi vos ressentis initiaux.

   Exemple : Si vous ressentez une lourdeur, demandez-vous :
   - « Où se situe cette lourdeur dans mon corps ? »
   - « À quoi cela me fait penser ? »
2. Posez-vous des questions ouvertes pour préciser :
   - « S'il y avait une émotion associée, laquelle serait-ce ? »
   - « Cela évoque-t-il une mémoire ou une situation connue ? »
   - « Est-ce que cela change si je me concentre davantage ? »

◉ **Étape 4 : Interprétation personnelle** (le bas de l'entonnoir)

1. Connectez votre ressenti à vos propres associations :

   - Si vous sentez une odeur (comme des roses) par exemple, demandez-vous :

   « Qu'est-ce que cette odeur signifie pour moi ? Amour ? Perte ? Souvenir ? »

2. Réfléchissez à l'impact émotionnel ou symbolique :

   - « Comment est-ce que je me sens par rapport à ce que je perçois ? Positif, neutre ou négatif ? »
   - « Quelle est ma relation avec ce symbole ou cette sensation ? »

◉ Étape 5 : Prendre du recul et analyser

1. Notez l'ensemble de votre interprétation finale.

2. Vérifiez les différents messages reçus. Si vous travaillez avec une photo, demandez à la personne ce que cela évoque pour elle sans influencer ses réponses.

Le travail de guérison intérieure

Cette suite d'exercices est destinée à vous amener à tisser le fil de votre système émotionnel. Parcourir vos blessures, identifier vos croyances et remonter jusqu'à la source de leur création. Afin de répartir efficacement le cheminement que vous allez suivre dans ces exercices, vous trouverez.

Blessure	Croyances associées	Niveau	Sources identifiées	Conditionnement	Déconditionnement / Actions à entreprendre
Trahison					
Humiliation					
Rejet					
Abandon					
Injustice					

Dans la première case, vous pouvez d'ores et déjà **écrire** les différentes blessures émotionnelles qui ont été révélées durant le test réalisé dans le chapitre 2 *Identifier ses blessures émotionnelles*. N'hésitez pas à rajouter aussi celles qui vous parlent même si elles ne ressortent pas dans le test, vous viendrez vérifier et préciser cela grâce au premier exercice de cette partie. Vous compléterez les colonnes « Niveau », « Sources identifiées » et « Conditionnement » grâce au Shadow Work réalisé dans **« Identifier mes blessures et croyances » et « La conscientisation »**. La colonne « Déconditionnement » pourra quant à elle, être complétée grâce à la partie **« Reconstruction »** toujours dans la partie renvoyant au Shadow Work.

Le balancier corporel

Le *Body Sway Test* ou le balancier corporel est une technique inspirée de la kinésiologie qui repose sur les micro-réactions du corps à vos pensées ou affirmations. Il permet de dépasser le mental en accédant directement à son inconscient, connecté à ses émotions. Cette technique est utilisée en ThetaHealing pour le test de croyances, afin de vérifier quelles sont les croyances installées dans notre système. Nous allons utiliser ce test pour préciser et vérifier les blessures émotionnelles que vous possédez et identifier les croyances que vous avez intégrées. Pour cela, vous trouverez une liste de croyances limitantes classées par type de blessure émotionnelle.

COMMENT RÉALISER LE TEST :

Le principe repose sur le mouvement de balancier du corps. Lorsque vous formulez une affirmation, votre corps peut pencher légèrement vers l'avant, ce qui indique une réponse positive ou un « Oui ». Si votre corps bascule vers l'arrière, cela indique une résistance ou un « Non ».

Découvrir le balancier du corps en vidéo :

Méthode :

- Trouvez un endroit calme et sans distraction.
- Placez-vous debout, pieds légèrement écartés pour une bonne stabilité.
- Relâchez vos bras et votre corps. Respirez profondément 2 ou 3 fois pour vous détendre.
- Établissez vos réponses « Oui » et « Non » :
  - Fermez les yeux et dites à voix haute ou dans votre tête :
    - « Montre-moi un Oui. » Observez votre corps : il devrait pencher naturellement vers l'avant.
    - Ensuite, dites : « Montre-moi un Non. » Votre corps devrait basculer légèrement vers l'arrière.

Répétez ces tests 1 ou 2 fois pour confirmer les réponses.

Quelques conseils pour réussir :

Restez neutre et curieux(se) : évitez de chercher à influencer consciemment le mouvement de votre corps. Si vous ne sentez pas de réponse, refaites l'exercice en reformulant l'affirmation ou en vous concentrant davantage. N'hésitez pas à boire un grand verre d'eau et à effectuer une méditation courte si cela ne fonctionne toujours pas.

Maintenant, répétez à haute voix les croyances suivantes, une par une. Si votre corps se penche en avant, cela signifie que vous possédez la croyance dans votre système émotionnel. Si votre corps se penche vers l'arrière, cela indique que vous ne la possédez pas, vous pouvez donc la barrer.

Liste de croyances à tester :

Blessure de trahison

- « Si je laisse les autres m'aider, ils finiront par me trahir. »
- « Les gens ne sont pas dignes de confiance. »
- « Mieux vaut tout faire seul(e) pour éviter d'être trahi(e). »
- « Si je montre ma vulnérabilité, je serai trahi(e). »
- « Les promesses des autres ne sont jamais sincères. »
- « Si je lâche prise, je risque d'être trahi(e), blessé(e) ou abandonné(e). »
- « Faire confiance, c'est perdre le contrôle et s'exposer à la trahison. »
- « Se reposer sur les autres, c'est courir le risque d'être manipulé(e). »
- « Ouvrir mon cœur, c'est prendre le risque d'être déçu(e). »
- « Les gens ne sont pas fiables, même ceux qui semblent proches. »

Blessure d'injustice

- « Je mérite d'être heureux(se). » *(si la réponse est NON, vous avez la croyance de ne pas mériter d'être heureux[se].)*
- « Je dois être parfait(e) pour que les autres me respectent. »
- « Je ne peux pas lâcher prise, sinon tout va s'effondrer. »
- « Je suis incapable de réussir seul(e). »
- « Je dois souffrir pour mériter ce que j'obtiens. »
- « Si je lâche prise, je me mets en danger. »
- « Les autres ont plus de droits que moi. »
- « Les injustices m'arrivent parce que je ne suis pas assez bon(ne). »
- « Je dois tout contrôler pour que les choses se passent correctement. »
- « Si je demande de l'aide, c'est que je suis faible et que je ne mérite pas de soutien. »

Blessure d'abandon

- « Je dois faire passer les besoins des autres avant les miens. »
- « Je dois être triste pour que l'on s'occupe de moi. »
- « Je dépends des autres pour mon bien-être. »
- « Mon bonheur dépend des autres. »
- « Je dois sauver les autres, même si cela me coûte. »
- « Je suis responsable du bonheur des autres. »
- « Si je ne fais pas tout pour les autres, ils m'abandonneront. »
- « Si je montre mes besoins, je vais être rejeté(e). »
- « Je ne peux pas vivre sans l'amour ou l'approbation des autres. »
- « Je suis toujours à la merci des autres, je ne peux pas être complet(e) sans eux. »

Blessure de rejet

- « Je dois fuir les situations complexes pour me protéger. »
- « Les situations complexes me mettent en danger. »
- « Si mon entourage souffre, c'est de ma faute. »
- « Je dois disparaître pour éviter d'être rejeté(e). »
- « Je suis invisible aux yeux des autres. »
- « Si je me montre tel(le) que je suis, je serai rejeté(e). »
- « Je ne mérite pas d'être aimé(e) ou accepté(e). »
- « Je dois être parfait(e) pour être accepté(e) par les autres. »
- « Si je ne me conforme pas aux attentes des autres, je serai rejeté(e). »
- « Il vaut mieux être seul(e) que d'être rejeté(e) par les autres. »

Blessure d'humiliation

- « Je suis dégoûtant(e). »
- « Je dois contrôler les autres pour qu'ils me respectent. »
- « Si je suis libre, je risque d'être dépassé(e) ou rejeté(e). »
- « Mes besoins sont illégitimes et ne méritent pas d'être pris en compte. »
- « Je dois prendre beaucoup de responsabilités pour être méritant(e). »
- « Si je me montre vulnérable, je serai humilié(e). »
- « Je ne mérite pas d'amour ou d'attention. »
- « Je dois me sacrifier pour prouver ma valeur. »
- « Mon passé est trop honteux pour être accepté(e). »
- « Si je m'affirme, je risque de perdre le respect des autres. »

SHADOW WORK

Dans cette section, nous allons creuser pour identifier la source de chaque croyance et des comportements qui en découlent, et qui vous ont maintenu dans un cycle limitant. L'objectif est de comprendre précisément comment chaque croyance que vous avez repérée s'exprime dans votre vie, afin de pouvoir les travailler une par une. C'est en déconstruisant ces croyances, étape par étape, que vous apaiserez la blessure émotionnelle qui leur est liée. Je vous conseille donc d'aborder ce travail par catégorie de blessure émotionnelle, en ciblant les croyances qui y sont associées en commençant par celle qui vous pose le plus problème actuellement selon vous. Soyez honnête avec vous-même dans chaque réponse et pour éviter de vous sentir submergé, prenez le temps de répondre à une thématique de questions par jour. Cela vous permettra d'aborder ce processus en profondeur, tout en restant connecté à vos émotions et en progressant à votre rythme. Vous cheminerez dans ce shadow work en quatre étapes : l'identification, la conscientisation, le déconditionnement et la reconstruction, chacune accompagnée de rituels pour intégrer et libérer les émotions générées par ce travail profond.

Avant de répondre aux questions, préparez un environnement dans lequel vous vous sentez en sécurité et à l'aise (par exemple, avec une bougie, une boisson chaude, ou une musique douce). Ce cadre apaisant vous aidera à explorer vos émotions plus sereinement.

Bon cheminement à vous.

⋆ Identifier mes blessures ⋆ et croyances

- Comment cette croyance a-t-elle influencé mes relations, mon travail ou mes choix de vie jusqu'à présent ?

....

....

....

- Quelles sont les conséquences de ce schéma répétitif sur ma vie actuelle ? Quels comportements me pousse-t-il à entreprendre pour me protéger ? *(Rabaisser les autres, me renfermer sur moi-même, être méfiant, colérique...)*

....

....

....

- En prenant en compte ce que j'ai écrit dans la réponse précédente, je réalise que j'ai peur de...

....

....

....

- Quelles émotions physiques et mentales je ressens lorsque cette peur se manifeste ? *(Des tensions, de l'anxiété, de la colère, un sentiment d'impuissance...)*

....

....

....

- Comment cette blessure s'est-elle manifestée pour la première fois dans ma vie ?

....

....

....

- Quel est le scénario catastrophique que je redoute et dont je pense qu'il risque d'arriver si je change cette croyance ? *(Exemple : si je laisse les autres m'aider, ils vont prendre le dessus sur mon projet et me voler la vedette.)*

....

....

....

- Est-ce que cela vient de ma propre histoire ou cela m'a-t-il été enseigné / transmis par une source extérieure ? Si cela provient d'une source extérieure, laquelle est-ce et de quelle manière exactement cela m'a-t-il été transmis ?

....

....

....

- Si ce scénario catastrophe se réalisait, qu'est-ce que cela voudrait dire de moi ?

....

....

....

- Qui m'a fait croire cela ?

....

....

....

RITUEL :
Libération des remords et ressentiments

(Durée : 30-40 mn)

Ce premier exercice a pour objectif de vous aider à exprimer ce que vous avez imprimé en vous depuis plusieurs années. Les remords et les regrets portés par vos blessures, celles qui agissaient au-delà de vos pensées. Pour commencer, munissez-vous d'un papier et d'un stylo et installez-vous confortablement dans un endroit où vous ne serez pas dérangé. Je vous conseille de sacraliser cet exercice en amenant une ambiance relaxante et en écoutant une méditation guidée pour vous aider à être pleinement conscient.

- Écrivez librement tous les regrets et les remords que vous avez et qui sont dus à la croyance que vous travaillez, sans autocensure. Soyez aussi honnête que possible et n'hésitez pas à être le plus précis possible et dans les détails de chaque évènement.
    - Exemple : « Je regrette d'avoir dit [X] à [Y]. » ou « Je me reproche de ne pas avoir agi différemment dans cette situation. »
- Une fois que vous avez tout écrit, relisez doucement vos mots et reconnaissez les émotions qui en émergent. Ne jugez pas ces sentiments ; accueillez-les comme une étape nécessaire.
- Pliez le papier où sont écrits vos regrets et placez-le dans le récipient résistant à la chaleur puis, en toute sécurité, brûlez-le.
- Pendant que le papier brûle, dites à voix haute ou intérieurement :

« Je libère ces regrets et remords. Je choisis de me détacher du passé pour me tourner vers un avenir apaisé et plein de possibilités. »

- Regardez les cendres et visualisez vos regrets se transformant en poussière, emportés par le vent. Si vous le souhaitez, enterrez les cendres dans la terre pour symboliser un renouveau ou jetez-les dans une rivière pour les voir emportées.

⋆ La conscientisation ⋆

Pardonner les autres :

- Qui est la première personne à laquelle je pense en lien avec cette croyance, et pourquoi je ressens des ressentiments à son égard ? S'il y en a plusieurs, qui sont-elles ?

....

....

....

- Envers qui je ressens de la colère pour avoir contribué à créer cette croyance et la création de ma blessure, et pourquoi ?

....

....

....

- Quels jugements ou ressentiments est-ce que je nourris encore envers cette personne ou cette situation ? *(Pensées, jugement de valeur...)*

....

....

....

- Avec le recul que je possède aujourd'hui et si je me mets dans la peau de cette personne, est-ce que je sais identifier les blessures émotionnelles qui l'ont poussée à me faire vivre cela ?

....

....

....

Me pardonner :

- Est-ce que je me reproche certaines actions ou réactions que j'ai eues dans ma vie à cause de cette croyance ? Si oui, lesquelles et pourquoi ?

....

....

....

- Quelles attentes irréalistes ai-je envers moi-même concernant cette blessure ?

....

....

....

- Qu'est-ce que je peux apprendre de mes erreurs ou comportements ?

....

....

....

RITUEL :
Les bonshommes allumettes

(Durée : 15-20 minutes)

Pour réaliser ce rituel de manière efficace, je vous conseille de le sacraliser le plus possible. Créez une atmosphère agréable avec quelques bougies, de l'encens et des lumières tamisées. Mettez-vous dans un endroit où vous ne serez pas dérangé et où vous pourrez exprimer librement vos émotions. N'hésitez pas aussi à écouter une méditation avant de réaliser l'exercice et à la fin de celui-ci de manière à ouvrir et refermer le rituel. Plus vous réaliserez cet exercice avec conscience, plus il sera efficace et vous permettra de libérer des énergies stagnantes.

Réalisez ces étapes avec chaque personne qui est en lien avec votre croyance.

> Objectif : vous libérer des ressentiments qui vous relient à la personne qui a participé à la création de cette croyance / blessure.

Avant de démarrer l'exercice, je vous invite à écrire une lettre en vous adressant à cette personne afin de libérer toutes vos pensées et exprimer tout ce que vous avez à lui dire depuis toutes ces années. Vous pouvez ensuite brûler cette lettre en même temps que celle des bonshommes allumettes *(étape 4)*. S'il s'agit d'un groupe de personnes, vous pouvez vous adresser à ce groupe de manière général en notant au début de la lettre toutes les personnes qui en font partie. Si vous ne vous souvenez plus du nom de la personne en question, vous pouvez lui donner un nom symbolique.

1. Dessinez deux personnages en bâtons, l'un sera la personne, l'autre sera vous. Indiquez le nom et le prénom sous chacun. S'il s'agit d'un groupe de personnes, indiquez leurs noms et prénoms ensemble sous le bonhomme allumette qui les représente.
2. Reliez les chakras de chacun d'entre eux, représentant les liens émotionnels existants.
3. Dessinez un grand soleil qui englobe l'ensemble du dessin, en répétant « Je nous libère du lien négatif qui nous relie et souhaite paix et amour à chacun. »
4. Coupez la feuille en deux au niveaux des liens puis brûlez la feuille dans un espace sécurisé.
5. Répétez l'exercice quelques jours après si vous en ressentez le besoin.

> Réalisez ensuite cette étape sur vous-même.

Objectif : dissocier la version blessée de votre blessure à la nouvelle version de vous-même qui elle, est en cours de guérison.

1. Dessinez deux personnages en bâtons, l'un représentera le vous dans la version guérie et l'autre sera le vous dans sa version blessée. Indiquez votre nom et prénom sous chacun en ajoutant « guéri » et « blessé » sous les bonshommes correspondants.
2. Reliez les chakras de chacun d'entre eux, représentant les liens émotionnels existants.
3. À côté du dessin et pour chaque chakra, notez une affirmation négative en lien avec votre blessure ou croyance. Cela peut être des choses que vous vous dites souvent sous l'influence de votre croyance/blessure ou des actions que vous faites influencé par elle. Chaque affirmation doit être liée avec le chakra :

a. Chakra couronne (*Sahasrara*) : ce chakra est en lien avec sa place dans le monde. Par exemple : « Je n'ai pas ma place dans ce monde. »

b. Chakra troisième œil (*Ajna*) : ici, il s'agit d'intuition et d'écoute de soi. Par exemple « Je ne peux pas faire confiance à mes perceptions, tout ce que je ressens est faux. »

c. Chakra de la gorge (*Vishuddha*) : ici, il est question de la communication entre soi et le monde extérieur. « Je n'ai pas le droit de m'exprimer, mes opinions ne comptent pas. »

d. Chakra du cœur (*Anahata*) : dans ce chakra, il s'agit d'amour de soi. « Je n'ai jamais été aimé, je ne mérite pas l'amour. »

e. Chakra du plexus solaire (*Manipura*) : celui-ci est relié au pouvoir physique et à l'action. Exemple : « Je suis faible et impuissant, je ne suis pas capable de changer ma vie. »

f. Chakra sacré (*Swadhisthana*) : ici, de connexion à son corps et le plaisir sous toutes ses formes. « Je ne mérite pas de plaisir ou de joie dans ma vie. »

g. Chakra racine (*Muladhara*) : pour finir, ce chakra parle de stabilité et d'ancrage, par exemple : « Je n'ai aucune sécurité, je ne suis pas en sécurité dans ce monde et je n'ai aucune stabilité. »

4. Dessinez un grand soleil qui englobe l'ensemble du dessin, en répétant cette phrase pour chaque croyance « Je me pardonne, me libère de la croyance [citer la croyance] et la remplace par [affirmation positive qui la remplace]. »

5. Coupez la feuille en deux au niveaux des liens à l'aide d'un ciseaux puis brûler la feuille dans un espace sécurisé.

6. Répétez l'exercice quelques jours après si vous en ressentez le besoin.

⋆ Déconditionner ⋆

- Quels schémas répétitifs ou auto-sabotages reviennent constamment dans ma vie à cause de cette croyance ?

....

....

....

- Quel est le bénéfice ou l'avantage que je retire de la conservation de cette croyance ? *(Elle me permet d'attirer l'attention, les autres s'occupent de moi...)*

....

....

....

- Si je devais vivre sans cette croyance, qu'est-ce qui changerait dans ma façon de penser ou d'agir ?

....

....

....

- Que me coûterait (émotionnellement, mentalement, relationnellement) de continuer à fonctionner avec cette blessure ou croyance ?

....

....

....

RITUEL :
Rencontrer son futur soi

(Durée : 30-40 mn)

L'objectif de cet exercice consiste à visualiser la nouvelle version de vous-même, affranchie de toutes croyances et blessures, en éprouvant intensément toutes les nouvelles sensations que cela vous procurera.

- Trouvez un endroit calme, asseyez-vous confortablement, fermez les yeux et prenez quelques grandes inspirations profondes.
- Imaginez une lumière douce qui descend du haut de votre tête jusqu'à vos pieds, vous apportant calme et clarté.
- Visualisez un chemin devant vous qui représente votre vie, menant vers un point précis dans le futur (5 ou 10 ans).
- Voyez une silhouette à l'horizon : vous dans le futur, libéré(e) des limitations que vous connaissez aujourd'hui.
- Observez son apparence, son énergie, ce qu'elle porte et ce que vous ressentez en la voyant.
- Explorez son univers : où elle vit, ce qu'elle fait, avec qui elle partage sa vie, et quels projets sont réalisés.
- Imaginez une conversation avec votre Futur Vous : demandez-lui quels choix ou actions l'ont mené(e) là, comment elle a surmonté les obstacles, et quels conseils elle souhaite partager avec vous aujourd'hui.
- Avant de repartir, acceptez un cadeau symbolique de sa part (objet, mot, sensation) qui représente l'énergie dont vous avez besoin.
- Revenez doucement au présent avec ce cadeau en main.
- Notez vos impressions, les images clés, les conseils reçus, et les actions concrètes à entreprendre.

⋆ Reconstruire ⋆

- Quelle affirmation positive et réaliste puis-je créer pour remplacer cette croyance ?

....

....

....

- Si je ne possédais pas cette croyance, qu'est-ce que je ferais que je ne m'autorise pas actuellement à faire dans ma vie ? *(Il peut s'agir d'un rêve, de décisions, d'actions, d'une façon d'être, d'un style vestimentaire...)*

....

....

....

- Quelles actions concrètes puis-je mettre en place pour réaliser cela ? *(À faire pour chaque point noté dans la question précédente.)*

....

....

....

- Comment puis-je célébrer mes progrès, même les plus petits ?

....

....

....

RITUEL :
Réaliser ses rêves et objectifs

(Durée : 15-20 mn)

- Installez-vous dans un espace calme avec un carnet, un stylo, et des éléments pour favoriser votre concentration (bougies, musique douce).
- Prenez quelques instants pour respirer profondément et clarifier votre esprit.
- Placez un objet symbolique pour représenter votre projet et formulez votre intention à haute voix.
- Fermez les yeux et visualisez-vous après avoir accompli votre projet : observez ce que vous avez réalisé, ressentez vos émotions et identifiez les étapes principales.
- Notez votre objectif principal issu de la visualisation.
- Divisez cet objectif en étapes ou sous-objectifs et identifiez les obstacles potentiels *(comme les croyances qui peuvent vous limiter)*, ainsi que les ressources nécessaires.
- Déterminez des actions concrètes pour chaque sous-objectif avec des dates limites réalistes.
- Écrivez une phrase d'engagement pour vous motiver et symbolisez votre objectif par un dessin ou un objet.
- Pliez votre plan et placez-le dans un endroit spécial. Consultez-le chaque semaine pour ajuster vos étapes et suivre vos progrès.
- Célébrez chaque étape accomplie par un rituel simple *(allumer une bougie, exprimer de la gratitude, ou écrire une note de remerciement).*

L'ARBRE GÉNÉALOGIQUE

Ce dernier exercice, inspiré de la méthode d'Anne Ancelin Schützenberger et de son livre *Psychogénéalogie, guérir les blessures familiales et se retrouver soi* (Éditions Payot), vous invite à plonger au cœur de votre histoire familiale pour comprendre l'origine de certaines blessures et croyances que vous portez. Il vous aidera à identifier l'origine de vos blessures et de vos croyances, en vous permettant de distinguer celles qui proviennent du niveau « Transgénérationnel » de celles qui émanent de votre parcours personnel et du niveau « Historique ». Le but étant d'approfondir encore plus le processus de libération de votre système émotionnel.

Commencez par compléter l'arbre généalogique présent dans les prochaines pages avec le nom de vos ancêtres. Pour chaque personne il sera indispensable de noter : les événements marquants de leur vie *(pertes, maladies, changements majeurs)*, les schémas récurrents dans leurs *relations (conflits, séparations, dépendances)* et si possible les blessures émotionnelles dominantes qu'ils ont pu vivre et que vous aurez identifiées *(abandon, rejet, trahison, injustice, humiliation)*. Pour y arriver, prenez le temps d'interroger des membres de votre famille ou de rassembler des informations via des souvenirs, documents ou photos. Vous pouvez également utiliser des sites de recherches généalogiques comme *MyHeritage* ou *Geneanet.org* pour obtenir des détails supplémentaires notamment, grâce aux archives et aux autres arbres créés par les utilisateurs avec lesquels vous pourrez faire des connexions.

Une fois votre arbre complété, prenez du recul en observant les liens entre les générations. Y a-t-il des histoires ou des blessures similaires qui se répètent, comme une lignée de femmes ayant vécu des séparations douloureuses ou des mariages toxiques ? Réfléchissez à la manière dont ces schémas ou blessures résonnent avec ce que vous vivez aujourd'hui. Identifiez si certains de vos comportements ou situations actuels semblent refléter ces héritages familiaux. Cela vous permettra de différencier ce qui vous appartient de ce qui a été transmis, et d'entamer un travail de libération.

Une fois que vous aurez identifié les schémas répétitifs familiaux et les blessures léguées par vos ancêtres, vous pourrez réaliser un rituel de libération émotionnelle afin de sceller ce travail de libération. Pour cela, rédigez une lettre en vous aidant des phrases suivantes et terminez en réalisant l'exercice des Bonhommes allumettes. Attention, je vous invite à prendre le temps de réaliser cet exercice car il nécessite de réaliser beaucoup de recherches et de collecter de nombreuses informations pour être efficace.

Pour libérer les croyances :

- Je me libère aujourd'hui de la croyance que […] / de la blessure de […] qui ont été transmises dans ma lignée familiale.
- Je choisis de me défaire de la croyance […] / blessure de […] et de ces pensées limitantes qui ne m'appartiennent pas.
- Je rends aujourd'hui la croyance que […] / blessure de […] avec amour, car elle ne définit plus ma réalité.

Pour remercier les leçons :

- Merci pour les leçons et la force que vous m'avez transmises.
- Je suis reconnaissant(e) pour les valeurs, la résilience et l'amour que j'ai reçus.
- Ces expériences m'ont aidé(e) à mieux comprendre mon chemin.

Pour libérer :

- Avec respect et gratitude, je vous rends ce qui vous appartient.
- Je libère les fardeaux et blessures qui ont traversé notre lignée.
- Je choisis de créer une vie libre et alignée avec ma propre vérité.

L'arbre généalogique

ANALYSE NUMÉROLOGIQUE

Ce dernier exercice de numérologie vous invite à explorer les dynamiques fondamentales de votre vie à travers trois aspects : votre mission personnelle, votre pouvoir personnel, et votre chemin de vie. Chaque élément révèle des facettes uniques de votre être : ce que vous êtes venu comprendre ou résoudre dans cette vie, les qualités et ressources qui vous soutiennent, ainsi que le fil conducteur qui relie vos expériences.

En combinant ces aspects, vous obtiendrez une vision globale qui met en lumière vos blessures émotionnelles récurrentes, les croyances limitantes qui pourraient vous freiner, et les schémas inconscients hérités de vos expériences passées.

En prenant conscience de ces éléments, vous serez en mesure d'identifier vos zones de guérison et d'épanouissement. Il s'agit de reconnaître vos défis comme des opportunités de croissance et de vous réapproprier votre pouvoir personnel pour avancer avec plus de clarté, d'alignement et de confiance dans votre vie.

Vous trouverez des interprétations par chiffre obtenu à la suite des exercices.

Pour rappel, le résultat des calculs en numérologie doit toujours être compris entre 1 et 9 ou 11, 22 et 33, qui sont des maîtres nombres. Pour de plus amples informations, vous pouvez vous référer au sous-chapitre « Comprendre les outils à notre disposition » du chapitre 1).

Note importante : Si le même chiffre ressort plusieurs fois ou qu'il est présent dans les mêmes endroits à la fois dans votre profil de conception et de naissance, cela ajoute une dimension plus puissante au travail à effectuer. Ce chiffre peut signaler une thématique particulièrement importante et récurrente dans votre vie, indiquant un domaine de votre être qui nécessite une attention particulière et une profonde guérison. Ce double ou triple ancrage d'un même chiffre peut également signifier que cette énergie sera un moteur central dans votre évolution personnelle et spirituelle, nécessitant d'être activée de manière consciente et équilibrée.

- Profil de conception -

Ces calculs explorent les influences de la période précédant votre naissance, en utilisant la date de conception estimée (date de naissance 9 mois). Si vous êtes né de manière prématurée, il faudra soustraire à votre date de naissance le nombre de mois exact de grossesse. Par exemple, si vous êtes née le 29.01.1998, votre date de conception estimée sera le 22 mai 1997.

• Mission personnelle

- Identifier les leçons ou défis importants liés à votre parcours de vie.

Calcul : Additionnez le jour et le mois de votre date de conception.

Question : Quels apprentissages ou points de compréhension semblent récurrents dans votre vie ?

....

....

....

• Pouvoir personnel

- Découvrir vos forces et qualités fondamentales, potentiellement façonnées dès vos origines.

Calcul : Additionnez l'année de conception et analysez sa vibration numérique.

Question : Quelles forces innées pouvez-vous reconnaître en vous-même ?

....

....

....

• Chemin de vie inconscient

- Comprendre les schémas ou tendances récurrents qui influencent vos décisions et relations.

Calcul : Additionnez les résultats de la « Mission personnelle » et du « Pouvoir personnel ».

Question : Quels motifs ou comportements se manifestent fréquemment dans votre parcours ?

....

....

....

- Profil de naissance -

Ces calculs examinent les influences qui façonnent directement votre vie, en se basant sur votre date de naissance.

• Mission personnelle

- Identifier les thèmes ou défis principaux de votre existence actuelle.

Calcul : Additionnez le jour et le mois de votre date de naissance.

Question : Quels aspects de votre vie nécessitent une attention particulière pour évoluer ?

....

....

....

• Pouvoir personnel

- Reconnaître vos forces, atouts et talents naturels.

Calcul : Additionnez votre année de naissance.

Question : Quelles qualités ou compétences semblent être vos points forts ?

....

....

....

• Chemin de vie « quête »

- Tracer la direction ou les étapes importantes que vous devez réaliser pour vous épanouir pleinement.

Calcul : Additionnez les résultats de la « Mission personnelle » et du « Pouvoir personnel ».

Question : Quelles grandes étapes ou objectifs semblent définir votre parcours ?

....

....

....

Interprétation des calculs :

• Mission personnelle

- Interprétation basée sur le résultat du calcul (jour + mois de conception ou de naissance) :

Votre mission personnelle reflète les apprentissages principaux que vous devez intégrer dans cette vie. Elle met souvent en lumière des blessures émotionnelles profondes, des croyances limitantes à déconstruire, et des forces à développer pour évoluer.

1 : Vous êtes ici pour développer votre indépendance, mais peut-être avez-vous une blessure liée à la peur du rejet ou à un manque de soutien. Cette peur de l'échec ou de l'abandon peut vous empêcher de vous affirmer pleinement. Votre croyance limitante pourrait être « je ne suis pas assez bon pour réussir seul ». Travaillez sur votre estime de soi et la confiance en vos capacités.

2 : Votre mission implique de trouver l'harmonie dans vos relations. Vous pourriez avoir une blessure liée à la dépendance émotionnelle ou à l'insécurité dans les relations. Une croyance comme « je ne mérite pas d'être aimé tel que je suis » peut vous freiner. Votre travail est d'apprendre à vous aimer et à vous entourer de personnes équilibrées.

3 : Vous êtes ici pour exprimer votre créativité, mais peut-être ressentez-vous une blessure liée à l'expression de vos émotions. La peur du jugement ou de ne pas être entendu peut créer des blocages. La croyance limitante ici est souvent « ma voix ne compte pas ». Apprenez à vous exprimer librement, sans peur de l'opinion des autres.

4 : Vous êtes appelés à bâtir des bases solides, mais une blessure liée à l'instabilité ou à la peur de ne pas avoir assez, peut vous empêcher d'agir. Peut-être croyez-vous « je ne suis pas capable de créer une vie stable ». Il est primordial de développer la confiance en vos compétences pour instaurer un sentiment de sécurité.

5 : Vous êtes ici pour embrasser le changement, mais la peur de l'inconnu ou de perdre le contrôle peut vous paralyser. Une croyance limitante pourrait être « je ne peux pas gérer les changements dans ma vie ». Acceptez le changement comme une opportunité de croissance.

6 : Votre mission est de trouver un équilibre entre vos responsabilités et vos besoins personnels. Une blessure pourrait être liée à l'idéalisme du sacrifice de soi, où vous pourriez croire que vous devez vous oublier pour satisfaire les autres. La croyance « je ne peux pas dire non » peut être un obstacle. Apprenez à vous affirmer tout en prenant soin des autres.

7 : Vous êtes appelés à rechercher la sagesse, mais une blessure pourrait se manifester sous la forme de doutes intérieurs ou d'un sentiment de ne pas être compris. Vous pourriez croire « je ne suis pas assez sage pour guider les autres ». Travaillez sur la confiance en votre intuition et l'acceptation de votre quête personnelle de vérité.

8 : Votre mission est d'atteindre l'indépendance matérielle et le pouvoir, mais une blessure liée à la peur de l'échec ou à des difficultés à trouver un équilibre dans vos ambitions pourrait surgir. Vous pourriez avoir la croyance « je dois sacrifier ma vie personnelle pour réussir ». Apprenez à équilibrer vos ambitions avec vos besoins personnels.

9 : Vous êtes ici pour servir les autres, mais une blessure pourrait résider dans le sentiment de ne jamais être assez. Vous pourriez avoir une croyance limitante comme « je dois toujours tout donner, sinon je ne suis pas valable ». Apprenez à équilibrer donner et recevoir.

11 : Votre mission est de guider les autres grâce à votre intuition, mais des blessures liées à une hypersensibilité ou à une pression intérieure pour être parfait peuvent freiner votre expression. La croyance limitante pourrait être « je ne suis pas digne de guider les autres ». Travaillez sur l'acceptation de votre sensibilité et l'expression de vos dons.

22 : Vous êtes appelé à réaliser des projets ambitieux pour le bien commun, mais des blessures liées à l'anxiété de l'échec ou à une pression excessive pour réussir peuvent vous envahir. Vous pourriez croire « je ne suis pas capable de réaliser ce que je projette ». Apprenez à accueillir vos ambitions sans vous laisser submerger par la peur de l'échec.

33 : Vous êtes ici pour inspirer l'amour et la compassion, mais des blessures liées au sacrifice personnel ou au manque de reconnaissance peuvent freiner votre capacité à offrir votre énergie. Vous pourriez croire « je dois tout donner pour être aimé ou reconnu ». Apprenez à vous aimer d'abord et à nourrir vos ressources intérieures avant de les partager avec le monde.

• Pouvoir personnel

Interprétation basée sur l'année (de conception ou de naissance) :

Votre pouvoir personnel représente les forces et talents naturels que vous portez en vous. Ces forces peuvent vous aider à surmonter vos blessures et à réécrire vos croyances limitantes.

1 : Vous avez la capacité de prendre les devants, mais peut-être une blessure liée à la peur de l'échec ou à l'isolement. vous pousse à forger cette croyance : « je dois tout accomplir seul ». Acceptez que vous pouvez demander de l'aide et collaborer sans perdre votre indépendance.

2 : Vous êtes naturellement empathique et diplomate, mais une blessure pourrait résider dans la difficulté à poser vos limites. Une croyance limitante pourrait être « je dois toujours faire plaisir aux autres pour être aimé ». Apprenez à vous affirmer sans culpabilité.

3 : Vous avez une grande créativité, mais une blessure liée à la peur du rejet ou de l'expression de vos vérités pourrait vous restreindre. La croyance limitante ici est « ma voix n'a pas d'importance ». Prenez confiance dans votre capacité à vous exprimer.

4 : Votre pouvoir réside dans votre discipline et votre structure, mais une blessure peut se manifester sous forme de rigidité ou de peur de l'échec. Vous croyez peut-être « je ne suis pas assez rigide pour réussir ». Acceptez la flexibilité dans vos projets.

5 : Votre pouvoir vient de votre adaptabilité, mais une blessure pourrait résider dans la peur de l'instabilité. Vous croyez peut-être « je ne peux pas avoir de stabilité si je change constamment ». Apprenez à intégrer la stabilité dans la diversité.

6 : Vous avez un grand pouvoir d'empathie, mais une blessure liée au manque de reconnaissance ou à la pression de devoir tout gérer seul pourrait émerger. Vous croyez peut-être « je dois tout porter seul ». Apprenez à partager le fardeau avec les autres.

7 : Votre pouvoir réside dans votre intellect et votre quête de la vérité, mais une blessure pourrait se manifester sous forme de doute intérieur. Vous croyez peut-être « je n'ai pas suffisamment de preuves pour être crédible ». Acceptez la confiance en vos intuitions.

8 : Vous possédez un pouvoir naturel de leadership, mais une blessure liée à la peur de l'échec ou à la culpabilité peut vous ralentir. Vous croyez peut-être « je ne peux pas réussir sans sacrifier ma vie personnelle ». Apprenez à équilibrer vos ambitions et votre vie privée.

9 : Votre pouvoir réside dans la compassion, mais une blessure pourrait résider dans la peur de ne pas être assez ou de ne pas recevoir ce que vous donnez. Vous croyez peut-être « je ne mérite pas d'être aidé ». Apprenez à recevoir l'amour et le soutien des autres.

11 : Vous avez un grand pouvoir intuitif, mais une blessure pourrait être liée à une pression de perfection ou de responsabilité excessive. Vous croyez peut-être « je dois être parfait pour être utile ». Apprenez à accepter vos imperfections et à être une inspiration malgré elles.

22 : Votre pouvoir réside dans votre capacité à réaliser des rêves ambitieux, mais des blessures liées à la pression de la réussite ou au perfectionnisme peuvent vous freiner. Vous croyez peut-être « je ne suis pas assez compétent pour accomplir de grandes choses ». Apprenez à gérer cette pression intérieure.

33 : Vous possédez un pouvoir immense de guérison et de compassion, mais des blessures liées au sacrifice excessif peuvent vous épuiser. Vous croyez peut-être « je dois toujours tout donner pour que les autres m'apprécient ». Apprenez à prendre soin de vous avant de prendre soin des autres.

• Chemin de vie (quête)

Interprétation basée sur la somme de la mission personnelle et du pouvoir personnel :

1 : Vous êtes en quête de leadership, d'indépendance et d'affirmation de soi. Une blessure liée à la peur de l'échec ou de l'abandon pourrait vous empêcher d'avancer avec confiance. Vous pourriez croire que vous devez tout accomplir seul, ce qui peut entraîner des sentiments de solitude ou d'isolement. Apprenez à collaborer et à demander du soutien tout en affirmant votre autonomie.

2 : Votre quête consiste à créer des relations harmonieuses et équilibrées. Vous êtes naturellement attentif aux besoins des autres, mais vous pourriez avoir une blessure liée à la peur du rejet ou de la non-reconnaissance. Vous croyez peut-être que vous devez toujours être en accord avec les autres pour être aimé. Apprenez à vous affirmer et à poser des limites tout en cultivant des relations saines et équilibrées.

3 : Vous êtes en quête d'expression personnelle et créative. Votre mission implique de surmonter une blessure liée à la peur de l'opinion des autres ou à la difficulté de vous exprimer authentiquement. Vous pourriez avoir la croyance limitante « ma voix n'a pas d'importance », ce qui peut vous empêcher de partager vos idées ou talents. Vous devez apprendre à vous exprimer librement et à embrasser votre créativité sans crainte du jugement extérieur.

4 : Votre quête consiste à bâtir une vie stable et structurée. Une blessure liée à la peur de l'échec ou à un sentiment d'insuffisance peut vous retenir. Vous pourriez croire « je ne suis pas capable de créer une vie stable ». Vous êtes appelé à développer la confiance dans vos capacités à créer une structure solide pour vous-même, sans succomber à la pression de la perfection.

5 : Vous êtes en quête de liberté et de flexibilité. La peur du changement ou de l'inconnu peut être un obstacle dans votre vie. Vous pourriez croire « je ne peux pas évoluer sans perdre mon contrôle ». Vous devez apprendre à accueillir le changement comme un moyen de croissance et à embrasser l'inconnu avec confiance, sans vous laisser submerger par l'angoisse de l'imprévu.

6 : Votre quête est de trouver un équilibre entre les responsabilités et le soin de soi. Une blessure pourrait se trouver dans le sentiment de devoir sacrifier vos besoins personnels pour les autres. Vous pourriez croire « je dois être parfait pour satisfaire les attentes des autres ». Apprenez à vous occuper de vous-même tout en vous donnant la liberté de soutenir ceux que vous aimez, mais sans vous sacrifier.

7 : Vous êtes en quête de vérité et de sagesse. Une blessure liée à l'autodoute ou à la difficulté de croire en votre intuition peut vous freiner. Vous pourriez avoir la croyance limitante « je ne suis pas assez sage pour guider les autres ». Apprenez à écouter votre intuition et à faire confiance à votre quête de connaissance sans chercher à valider constamment vos idées.

8 : Votre quête implique de maîtriser vos ressources et de réaliser vos ambitions matérielles. Une blessure liée à l'échec ou à l'équilibre entre vos désirs personnels et votre vie professionnelle pourrait vous empêcher de progresser. Vous pourriez croire « je dois sacrifier ma vie personnelle pour réussir ». Apprenez à équilibrer vos ambitions avec les autres aspects de votre vie pour créer une réussite qui vous épanouisse dans son ensemble.

9 : Vous êtes en quête de service, de compassion et d'épanouissement collectif. Une blessure pourrait résider dans la peur de ne pas être reconnu ou de ne pas avoir suffisamment de valeur. Vous pourriez croire « je dois donner toujours plus pour être aimé ». Apprenez à trouver un équilibre entre donner et recevoir et à comprendre que votre valeur n'est pas uniquement dans ce que vous faites pour les autres.

11 : Votre quête est spirituelle, intuitive et profonde. Une blessure liée à la pression intérieure de la perfection ou à la peur de ne pas être à la hauteur de vos idéaux peut vous empêcher d'exprimer pleinement votre lumière. Vous pourriez croire « je ne suis pas assez pur pour guider les autres ». Apprenez à accepter vos imperfections et à utiliser votre intuition pour guider les autres, sans vous soucier du jugement ou des attentes extérieures.

22 : Votre quête est d'accomplir des projets de grande envergure, souvent au service du bien commun. Une blessure liée à la pression du succès ou à la peur de l'échec peut interférer avec votre capacité à avancer. Vous pourriez croire « je dois tout accomplir seul » ou « je ne suis pas assez puissant pour réaliser mes rêves ». Apprenez à déléguer, à partager la responsabilité et à accueillir l'aide de ceux qui peuvent vous soutenir dans vos projets ambitieux.

33 : Votre quête est de vivre dans l'amour inconditionnel, la guérison et la compassion. Une blessure peut se trouver dans le sacrifice excessif de soi-même, ce qui peut vous laisser vidé émotionnellement. Vous pourriez avoir la croyance « je dois toujours tout donner pour être accepté » ou « je ne mérite pas d'amour si je ne me sacrifie pas ». Apprenez à vous aimer pleinement et à équilibrer votre désir d'aider avec la nécessité de prendre soin de vous-même.

ANNEXE

Réglementation du domaine de l'Énergétique

Avant de conclure ce livre, je tiens à partager quelques conseils précieux sur le métier d'énergéticien, que vous envisagiez de pratiquer ou pour vous guider dans le choix de professionnels fiables. Comme dans tous les domaines, l'énergétique et la relation d'aide attirent des individus passionnés, mais aussi ceux qui ne respectent pas toujours les règles éthiques, ce qui nuit à la crédibilité de ce domaine. Voici donc quelques repères pour vous assurer de naviguer en toute sécurité et légitimité.

En France, l'exercice des activités liées à l'énergétique et à la relation d'aide est encadré par plusieurs textes de loi, afin de garantir la sécurité et le respect des pratiques. Voici un tour d'horizon des régulations en vigueur, à garder en tête pour une pratique éthique et légale :

TEXTES DE LOI ENCADRANT L'EXERCICE :

- *Code de la Santé Publique (Article L4161-1)* : Cet article interdit formellement l'usurpation de titre médical ou l'exercice illégal de la médecine. Autrement dit, il est interdit de poser des diagnostics, de prescrire des traitements, ou de garantir une guérison si l'on n'est pas médecin ou professionnel de santé agréé.

- *Article 259 du Code Pénal* : Ce texte sanctionne l'usage frauduleux de titres ou de diplômes professionnels non détenus, ainsi que l'usage de titres tels que psychothérapeute ou psychologue sans les qualifications nécessaires.

- *Article L4371-1 du Code de la Santé Publique :* Il réglemente l'exercice des professions paramédicales et impose des restrictions à ceux qui voudraient se prévaloir de pratiques réservées aux professionnels de santé.

LES TITRES ET APPELLATIONS

Les titres tels que médecin, psychologue ou ostéopathe sont réservés aux professionnels ayant obtenu les diplômes d'État correspondants. Des termes comme « psychothérapeute énergéticien » sont interdits si le praticien n'est pas reconnu dans ce domaine. En revanche, des appellations comme *praticien en énergétique*, *coach*, *magnétiseur*, ou *naturopathe* sont autorisées tant qu'elles ne se confondent pas avec des pratiques médicales. Les termes « diagnostic », « traitement » et « guérison » doivent aussi être évités par les praticiens en énergétique, car réservés au domaine médical.

NOTIONS IMPORTANTES

Travailler dans la relation d'aide avec des capacités extrasensorielles nécessite une éthique stricte. Il est essentiel de respecter la confidentialité, de maintenir une intégrité professionnelle en étant transparent sur les limites de la pratique, et d'encourager l'autonomie des clients. L'utilisation des outils doit être claire et responsable, en veillant à ce que les clients comprennent que ces pratiques ne remplacent pas un suivi médical ou psychologique.

En résumé, il est essentiel d'adopter une éthique rigoureuse dans la pratique des soins énergétiques et de la relation d'aide, non seulement pour garantir la crédibilité de cette discipline, mais aussi pour favoriser son évolution et changer les perceptions à son égard. Cela implique de respecter les limites professionnelles, de préserver la confidentialité des clients, et d'encourager leur autonomie, tout en s'assurant qu'il n'y a aucune confusion avec les pratiques médicales ou psychothérapeutiques.

SOURCES

- Metapsychique.org

- Journal of parapsychology, volume 82 disponible en ligne *(https://parapsych.org/uploaded_files/pdfs/00/00/00/00/87/jp_82_supplement.pdf)*

- Fondation Odier de psychophysique de Genève *(psiland.free.fr)*

- Le B.A.B.A de la parapsychologie» par Pascal Michel, disponible en ligne *(gerp.free.fr)*

- Journal of child psychology and psychiatry *(acamh.org)*

- Dukes University library *(*https://exhibits.library.duke.edu/exhibits/show/parapsychology/about-the-exhibit*)*

- Extra-sensory perception after sixty years: a critical appraisal of the research in extra-sensory perception par Pratt J.G., Rhine J.B., Smith B.M., Stuart C.E., Greenwood J.A. aux éditions Henry Holt.

- Encyclopedia of Occultism and Parapsychology, par Leslie Shepard aux éditions Subsequent

REMERCIEMENTS

Écrire ce livre a été l'une des expériences les plus exigeantes et intenses de ma vie. Ce projet représente l'accomplissement d'un de mes plus grands rêves d'enfance et le point culminant d'un cheminement fait de questionnements, de reconstruction et de guérison, entamé dès mes premières années, aussi loin que remontent mes souvenirs. Je me revois, enfant, dans le jardin de mes parents, me posant des questions existentielles comme : « *Pourquoi sommes-nous vivants et conscients et que se passe-t-il après ?* », « *Pourquoi les adultes se font-ils du mal entre eux ?* » ou encore « *Pourquoi ai-je des intuitions sur l'avenir ?* ».

Mon premier remerciement s'adresse à ma mère, et il est sans doute le plus essentiel. Elle a été mon premier guide spirituel, illuminant mon chemin malgré ses propres épreuves, en y déposant avec soin des outils pour m'aider à comprendre et à résoudre mes blessures. Sans elle, ce livre n'existerait sans doute pas. Merci également à mon père, qui m'a appris à ne jamais baisser les bras face aux obstacles et à me battre pour réaliser mes rêves. Aujourd'hui, je viens de réaliser l'un des miens. Merci à eux d'être des humains imparfaits dans la peau de parents profondément aimants.

Je tiens aussi à remercier Julie, qui a cru en ce livre plus fort que je ne pouvais le faire moi-même. Elle m'a accompagnée et soutenue dans ce voyage extraordinaire qu'est l'écriture. Merci à elle d'avoir porté ce projet au-delà de mes espérances et de l'avoir aidé à prendre vie.

Un immense merci également à toutes les personnes qui ont permis à ce projet de voir le jour : mes clientes, mes auditrices, mes abonnées, et toutes celles et ceux qui ont écouté ce que j'avais à partager. Votre présence et vos retours ont donné vie à mes mots.

À mes amies, qui se reconnaîtront en lisant ces lignes : merci. Merci à celles qui m'ont soutenue au cours de nos retraites, m'aidant à libérer ce qui pesait en moi depuis tant d'années. C'est aussi grâce à leur soutien et leur écoute que les mots de ce livre résonnent d'une manière si particulière. Une mention spéciale à Marine, cette petite fée qui a contribué à donner une direction à cet ouvrage.

Enfin, je veux remercier mon partenaire, celui qui partage ma vie depuis plusieurs années. Il m'a vue pleurer de joie et d'anxiété, trouvant toujours les mots justes et les gestes apaisants pour calmer mes angoisses. Celui qui croit en moi avec une force que je peine parfois à trouver en moi-même. Je ne serais certainement pas arrivée là sans son soutien indéfectible et sa patience à toute épreuve.

Merci à vous de m'avoir lue. J'espère que ces enseignements résonneront en vous et auront autant d'impact positif dans votre vie qu'ils en ont eu dans la mienne.

58, rue Jean Bleuzen - 92178 Vanves Cedex

Édition : Grégoire Provost

Fabrication : Anne-Laure Soyez

Préparation de copie : Laure Salathé

Mise en pages : Assia Chioukh

Illustrations : © Assia Chioukh et iStock © pk74 ; © Oleh Kuzminskyi ;
© Lena Palamarchuk ; © Mary Long ; © Salim Hanzaz ; © Weasley99

Responsable partenariats : Dana Lichiardopol (dlichiardopol@hachette-livre.fr)

Contacter l'éditeur : support@lelotusetlelephant.com

Cet ouvrage a été publié avec le concours de Julie Boust.

Dépôt légal : mai 2025

ISBN : 978-2-01-932889-4/01

35-5152-7

Achevé d'imprimer en Espagne.

Nous utilisons des papiers composés de fibres naturelles, renouvelables, recyclables et fabriqués à partir de bois issus de forêts adoptant un système d'aménagement durable. En outre, nous travaillons avec des fournisseurs de papier qui s'inscrivent dans une démarche de certification environnementale reconnue.

PAPIER À BASE DE FIBRES CERTIFIÉES

hachette PRATIQUE s'engage pour l'environnement en réduisant l'empreinte carbone de ses livres. Celle de cet exemplaire est de :
2,4 kg éq. CO_2
Rendez-vous sur www.hachette-durable.fr